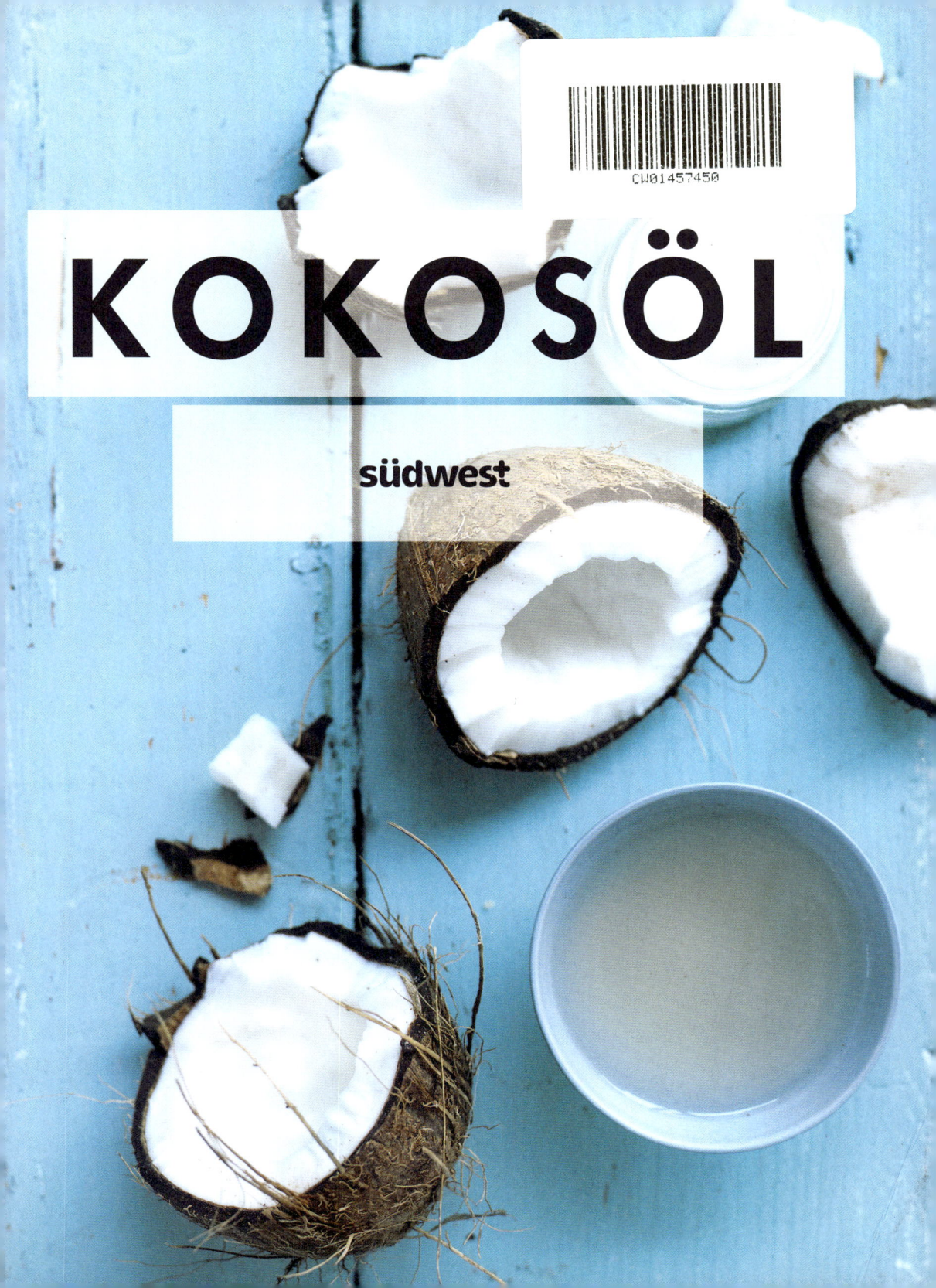

KOKOSÖL

südwest

1. Auflage

© der deutschsprachigen Ausgabe 2017 by Südwest Verlag, einem Unternehmen der Verlagsgruppe Random House GmbH, Neumarkter Straße 28, 81673 München

Die Originalausgabe erschien 2017 unter dem Titel „Coconut Oil – Over 200 easy recipes and uses for home, health and beauty" bei Apple Press, Quintet Publishing.

Redaktionsleitung: Silke Kirsch

Projektleitung: Ann-Kathrin Kunz

Übersetzung: Katrin Höller, Köln; Wiebke Krabbe, Damlos

Gesamtproducing: trans texas publishing services, Köln

Coverdesign für die deutschsprachige Ausgabe: OH, JA!, München

Für die englischsprachige Originalausgabe:

Buch-Design: Lucy Parissi & Bonnie Bryan

Fotografie: Lucy Parissi & Emma Gutteridge

Art Director: Michael Charles

Redaktion: Cara Frost-Sharratt

Redaktionsleitung: Emma Bastow

Verlagsleitung: Mark Searle

Printed in China

ISBN 978-3-517-09637-7

KOKOSÖL

LAURA AGAR WILSON

ÜBER 200 KOCHREZEPTE &
ANWENDUNGSTIPPS FÜR
GESUNDHEIT UND SCHÖNHEIT

südwest

Laura Agar Wilson ist zertifizierte Gesundheits- und Lifestyle-Beraterin (Institute of Integrative Nutrition, New York) und Mitglied im Verband ganzheitlicher Therapeuten (Federation of Holistic Therapists) in Großbritannien.

Als Bloggerin, Wellness-Expertin und Rezeptentwicklerin, deren Artikel in Publikationen wie *Superfood Magazine, Gurgle, Natural Health Magazine* und *The Telegraph* erscheinen, ist es Lauras größtes Anliegen, einen gesunden Lebensstil für alle zugänglich zu machen.

2009 gründete sie ihren Blog wholeheartedlyhealthy.com, um Frauen zu unterstützen, die gesünder, glücklicher und ausgeglichener leben wollen.

Laura lebt mit Ehemann James und Sohn Finley im englischen Durham.

Inhalt

Einleitung

In den letzten Jahren hat sich die Einstellung zu Gesundheit und Wohlbefinden in der westlichen Welt sehr verändert. Hieß es früher noch, man solle weniger Fett essen, so erleben wir jetzt eine Abkehr von dieser Überzeugung – eine Art Ernährungsrevolution.

Innerhalb des aktuellen Trends einer möglichst natürlichen Ernährung ohne verarbeitete Zutaten hat sich Kokosöl als ideales Nahrungsmittel entpuppt, das aus der gesundheitsbewussten Küche nicht mehr wegzudenken ist. Wurde es bisher wegen seines hohen Fettgehalts als ungesund eingestuft, wird es heute für seine zahlreichen positiven Einflüsse auf die Gesundheit sehr geschätzt.

Das Besondere an Kokosöl ist seine Vielseitigkeit: Neben der Verwendung als Koch- und Backzutat gibt es eine Reihe von Anwendungen, die die Gesundheit und natürliche Schönheit unterstützen. Außerdem lässt es sich sogar in unterschiedlichen Bereichen im Haushalt einsetzen.

Die Geschichte des Kokosöls

Die Kokosnuss, die Frucht der *Cocos-nucifera*-Palme, ist der Tausendsassa des Pflanzenreichs: Die kompakte Schale umhüllt sowohl Nahrung (das Fruchtfleisch) als auch Flüssigkeit (Kokoswasser). Die Schale selbst kann als Brennstoff verwendet, zu Kohle verarbeitet oder als Gefäß genutzt werden.

Es überrascht deshalb nicht, dass Kokosnüsse in der Geschichte der Menschheit eine große Rolle spielten: Schon im 4. Jahrhundert vor Christus wurden sie in der Sanskrit-Literatur erwähnt. Außerdem waren sie unter den ersten Rohstoffen, die auf Handelsschiffen über den Pazifik transportiert wurden. Die Bewohner der Inseln im Indischen und Pazifischen Ozean erkannten die vielfältigen Möglichkeiten der Kokosnuss als Erste. Als es die ersten Handelsrouten gab, wurden Schiffe dort mit der exotischen Frucht beladen.

Im Ersten Weltkrieg wurde aus Kokosnussschalen Filterkohle für Gasmasken hergestellt; im Zweiten Weltkrieg verwendete man mancherorts Kokoswasser in Notfällen für Bluttransfusionen, wenn kein Blutplasma verfügbar war, da es den gleichen Elektrolytgehalt aufweist wie menschliches Blut.

Als in den späten 1980er-Jahren die Verbindung zwischen Nahrungsfetten – besonders den gesättigten Fettsäuren – und dem Cholesterinspiegel aufgezeigt wurde, bekamen Butter, Margarine und Kokosöl einen schlechteren Ruf und wurden oft durch Produkte mit Zusatzstoffen ersetzt, die den Anteil der gesättigten Fette senken sollten.

Heute hat sich unser Blick auf Fett komplett gewandelt. Es ist inzwischen anerkannt, dass Fett in moderater Menge nicht ungesund ist – in vielen Fällen ist es für die Gesundheit sogar unentbehrlich. Beim Kokosöl kommen außerdem noch viele weitere Vorteile hinzu. Heute ist Kokosöl beliebter denn je und weltweit in den meisten Supermärkten erhältlich.

Nutzen für die Gesundheit

Das Geheimnis der gesundheitsfördernden Eigenschaften von Kokosöl liegt in seiner einzigartigen Fettzusammensetzung. Anders als die meisten anderen gesättigten Fette, die langkettige Fettsäuren haben, enthält Kokosöl mittelkettige Fettsäuren, die sich im Körper anders verhalten: Sie werden schnell und leicht aufgenommen und verdaut, was sie zu einer ausgezeichneten Energiequelle macht. Zudem werden sie nicht wie andere Fettsäuren automatisch als Körperfett abgelagert. Kokosöl ist also ideal, wenn man „gute" Fette zu sich nehmen möchte. Aber es hat noch unzählige weitere gute Eigenschaften.

Beschleunigung des Stoffwechsels

Kokosöl ist ein wärmebildendes Lebensmittel; es erhöht also die Geschwindigkeit, mit der unser Körper Energie verbrennt.

Drosselung des Appetits als Unterstützung beim Abnehmen

Der Fettgehalt kann dabei helfen, den Appetit zu zügeln und den Blutzuckerspiegel auszubalancieren.

Unterstützung der Herzgesundheit

Die antioxidative Wirkung des Kokosöls wird unter anderem mit einem niedrigeren Blutdruck in Verbindung gebracht.

Energiequelle

Die Fettsäuren in Kokosöl werden direkt zur Leber transportiert, wo sie schnell in Energie umgewandelt und den Muskeln bereitgestellt werden.

Verbesserung der Ausdauer

Da Kokosöl Energie in Form eines Fettes bereitstellt, das langsamer verdaut wird als Kohlenhydratquellen, kann es die Ausdauer unterstützen.

Antibakterielle, antivirale und pilzhemmende Wirkung

Kokosöl enthält Laurinsäure. Diese wird in Monolaurin umgewandelt, eine Substanz mit antiviralen und antibakteriellen Eigenschaften.

Entzündungshemmende Eigenschaften

Kokosöl kann im Körper gegen Arthritis und andere Entzündungen wirken.

Verbesserung der Verdauung

Kokosöl kann die Verdauungstätigkeit verbessern, indem es Hefepilze – wie zum Beispiel Candida – dezimiert, die zu Blähungen, Entzündungen und Schmerzen führen können.

Stärkung des Immunsystems

Die antibakteriellen, antiviralen und pilzhemmenden Eigenschaften von Kokosöl verringern die Belastungen auf das Immunsystem und helfen ihm so, Krankheiten effektiver zu bekämpfen.

Antioxidans

Kokosöl enthält Verbindungen, die im Körper als Antioxidans wirken.

Unterstützung der Vitamin- und Mineralstoffaufnahme

Vitamine wie A, D, E und K sind fettlöslich, weshalb sie zusammen mit Fett eingenommen werden müssen. Dabei ist Kokosöl eine exzellente Wahl.

Bekämpfung von Zahnfleischerkrankungen

Die antibakterielle Wirkung des Kokosöls kann dabei helfen, Mundbakterien, die das Zahnfleisch schädigen, zu bekämpfen.

Moderne Herstellungsmethoden

Nicht alle Kokosöle sind gleich: Es kommt vor allem darauf an, wie die Kokospalme angebaut wurde und wie das Öl hergestellt wird.

Kokosnüsse haben das ganze Jahr Saison. Eine Blüte braucht etwa 12 Monate, um zu einer Nuss heranzureifen. Sind die Nüsse reif, fallen sie von allein zu Boden. Die meisten qualitätsbewussten Hersteller ernten ihre Nüsse so reif wie möglich.

Es gibt zwei verschiedene Methoden, um kaltgepresstes Kokosöl herzustellen. Bei beiden werden die Nüsse zunächst gewaschen und geöffnet. Dann wird das weiße Fruchtfleisch von der Schale getrennt. Das Fleisch wird schließlich geraspelt oder anderweitig zerkleinert.

Bei der industriellen Methode wird das Fruchtfleisch zunächst getrocknet. Die so entstandene „Kopra" wird dann einige Zeit gelagert, bevor sie mit der Ölmühle kalt gepresst wird. Meist werden chemische Substanzen zugesetzt, um die Konsistenz oder den Geschmack des Öls zu beeinflussen. Das heißt, das Öl wird gebleicht oder desodoriert. Bei der biologischen Methode wird das Öl gewonnen, indem das frische Fruchtfleisch in einer Zentrifuge extrahiert wird. Dabei wird das Kokosfleisch in die Bestandteile Kokosöl, Kokosmilch und Kokosmehl geteilt. Alle Bestandteile können weiterverwertet werden. Bei dieser Methode bleiben die wertvollen

Der hohe Fettgehalt von Kokosöl kann dabei helfen, den Appetit zu zügeln und den Blutzuckerspiegel auszugleichen.

Nährstoffe weitgehend erhalten. Das Öl wird bereits am Ort der Pressung in Gläser abgefüllt und dann zum Bestimmungsort transportiert.

Wenn das Öl an Ort und Stelle gewonnen wird, kommt eine der folgenden Methoden zum Einsatz:

Zentrifuge: Das Öl wird von der Kokosmilch getrennt. Kokosmilch wird dadurch gewonnen, dass geriebenes Kokosfruchtfleisch in heißem Wasser eingeweicht wird. Die Kokosmilch wird anschließend in einer Zentrifuge verarbeitet.

Gärung: Auch hier wird Kokosmilch verwendet, die erhitzt wird und über Nacht ruht, damit sich die festen Bestandteile der Milch vom Öl absetzen. Dies ist die traditionelle Produktionsmethode.

Direct micro-expelling (DME): Bei dieser einfachen Methode, die besonders bei kleinen Betrieben angewendet wird, wird die Kokosnuss nur 30 Minuten lang getrocknet. Anschließend wird das Öl in einer handbetriebenen Presse extrahiert.

Expeller-Methode: Bei dieser kalt oder warm durchgeführten Methode wird das Fruchtfleisch ebenfalls leicht getrocknet und dann zur Ölgewinnung gepresst.

Einige Methoden verwenden Hitze, um mehr Öl zu gewinnen, andere kühlen die Presse eigens mit Wasser, um ein kaltgepresstes Produkt zu erhalten.

Durch alle diese Methoden entsteht natives Kokosöl oder natives Kokosöl extra. Da es zurzeit keine Industriestandards für „nativ" oder „nativ extra" gibt, bedeuten diese beiden Ausdrücke quasi das gleiche.

Außer raffiniertem, nativem und nativem Kokosöl extra gibt es noch weitere Arten von Kokosöl:

Gehärtetes Kokosfett: Raffiniertes Kokosöl, das durch chemische Veränderung zu einem Transfett wird. Häufig bei der Herstellung von verarbeiteten Nahrungsmitteln verwendet.

Fraktioniertes Kokosöl: Hier wird Kokosöl in seine verschiedenen Fettarten aufgespalten. Im Gegensatz

zu anderen Kokosölformen ist fraktioniertes Kokosöl bei Zimmertemperatur flüssig.

Einkaufstipps

Durch die wachsende Beliebtheit von Kokosöl gibt es inzwischen viele verschiedene Marken und Sorten, was die richtige Wahl erschwert.

Hier finden Sie einige Produktbeschreibungen und was sie bedeuten:

• **Bio:** Die für die Ölgewinnung verwendeten Kokosnüsse wurden nicht mit chemischen Düngern oder Pestiziden behandelt. Biokokosöl ist die beste Wahl.

• **Natives Kokosöl:** Nichtraffiniertes Kokosöl (wie natives Kokosöl extra).

• **Natives Kokosöl extra:** Nichtraffiniertes Kokosöl (wie natives Kokosöl).

• **Unraffiniertes Kokosöl:** Das Kokosöl wurde nicht chemisch behandelt, fraktioniert, gebleicht oder desodoriert.

• **Raffiniertes Kokosöl:** Kokosöl, das erhitzt, chemisch gebleicht und desodoriert wurde.

• **Raw:** Das Kokosöl wurde ohne eine Erhitzung über 45 °C hergestellt.

• **Kalt-/Nassmethode; ANH (Absolutely No Heat):** Das Kokosöl wurde ohne Hitze gewonnen; für die Extraktion wurde kaltes Wasser verwendet.

• **Geruchsneutral:** Das Kokosöl wurde so verarbeitet, dass kein Kokosgeschmack und -geruch mehr enthalten ist.

• **Fraktioniertes Kokosöl:** Kokosöl, bei dem einige Fettsäuren entfernt wurden, meist Laurinsäure. Auch MCT-Öl genannt, je nachdem, welche Fettsäuren erhalten geblieben sind.

Worauf Sie achten sollten

Kokosöl sollte bei Zimmertemperatur fest sein, mit einem Schmelzpunkt von 24 °C. Öl von guter Qualität sollte in festem Zustand weiß sein, in flüssigem Zustand ganz klar und ohne Verfärbungen. Es sollte frisch riechen, und ein leichtes Kokosaroma aufweisen. Reibt man das Öl zwischen den Fingern, sollte es sich glatt anfühlen, nicht rau. Kokosöl sollte am besten in einem Glasgefäß aufbewahrt werden – also am besten gleich im Glas kaufen.

Das richtige Öl auswählen

Für unterschiedliche Verwendungen braucht man nicht unbedingt verschiedene Ölsorten. Für die meisten Rezepte und Mischungen in diesem Buch empfehle ich unraffiniertes natives Kokosöl (oder natives Kokosöl extra) – möglichst in Bio-Qualität. Es ist nicht unbedingt notwendig, Öl mit den Bezeichnungen „raw", „kaltgepresst" oder „Nassmethode" zu nehmen, aber diese Sorten haben die bestmögliche Qualität und daher auch den größten Nutzen.

Raffiniertes Kokosöl würde ich nur dann verwenden, wenn Nährstoffgehalt und gesundheitsfördernde Wirkungen nicht wichtig sind, etwa als Schmierstoff für Maschinen.

Raffiniertes Kokosöl kann auch zum Braten bei extrem hohen Temperaturen verwendet werden, da das Öl durch die Raffinierung einen höheren Rauchpunkt hat. Vergewissern Sie sich, dass bei Ihrer Marke natürlicher Dampf verwendet und auf chemische Lösungsmittel verzichtet wurde.

Für einige wenige Anwendungen benötigen Sie das flüssige fraktionierte Kokosöl. Halten Sie hier nach einem qualitativ hochwertigen Produkt Ausschau.

Der Preis

Beim Kauf von Kokosöl stellt man einen großen Preisunterschied zwischen raffiniertem und nativem Öl, zwischen „konventionell" gewonnenem und Bio- sowie kalt- oder nassgepresstem Öl fest. Hier spiegelt sich der größere Arbeitsaufwand wider, der für die Produktion von guten Ölen benötigt wird. Es lohnt sich, das bestmögliche Öl zu kaufen.

Aufbewahrung

Kokosöl wird bei Zimmertemperatur nicht ranzig. Am besten bewahrt man es an einem kühlen, dunklen Ort ohne direkte Sonneneinstrahlung in einem Schraubglas auf. Bei zu warmer Witterung wird Kokosöl flüssig und sollte im Kühlschrank aufbewahrt werden. Auch wenn auf den meisten Produkten ein Mindesthaltbarkeitsdatum angegeben ist, kann Kokosöl eigentlich nicht schlecht werden, wenn es richtig aufbewahrt wird.

Kokosöl im Speiseplan

Wie bei allen Lebensmitteln sollten Sie Kokosöl langsam in Ihren Speiseplan integrieren. Beginnen Sie mit einem Teelöffel am Tag und steigern Sie die Menge allmählich. Vor dem Auftragen von Kokosöl auf die Haut sollten Sie erst auf einer kleinen Stelle testen, ob Ihre Haut das Öl gut verträgt.

Wenn nicht anders angegeben, wird in diesem Buch immer natives Kokosöl (extra) verwendet.

Vorbereitung

Wenn Sie noch nie mit Kokosöl gekocht, geputzt, oder ihre Haut gepflegt haben, wissen Sie vielleicht nicht, wie man das Öl für den Gebrauch vorbereitet. Für die meisten Rezepte und Zubereitungen in diesem Buch muss das Öl weich oder flüssig sein. Je nach Menge können Sie es auf verschiedene Arten schmelzen. Bei kleineren Mengen reicht es, das Fett sanft zwischen den Fingern zu reiben, bis es die richtige Konsistenz erreicht, um sich gut mit anderen Zutaten zu verbinden. Bei größeren Mengen sollten Sie das Fett auf dem Herd schmelzen.

Kokosfett zerlassen

Es gibt mehrere gut funktionierende Methoden zum Schmelzen von Kokosfett, aber mir persönlich

ist das Zerlassen über kochendem Wasser am liebsten, da so die meisten gesundheitsfördernden Bestandteile des Öls erhalten bleiben. In den Rezepten in diesem Buch ist diese Methode angegeben, aber Sie können auch gerne anders vorgehen, wenn Sie möchten.

Bei der sanften Methode, Kokosöl oder andere Zutaten über dem Wasserbad zu schmelzen, wird das feste Kokosfett in eine hitzebeständige Schüssel gegeben, die auf einen Topf mit kochendem Wasser gesetzt wird. Die Schüssel sollte das Wasser im Topf nicht berühren. Das Fett wird auf diese Weise langsam erhitzt, bis es schmilzt.

Sie können das Kokosfett auch in der Mikrowelle zerlassen – aber achten Sie unbedingt darauf, die Mikrowelle nur in kurzen Intervallen einzuschalten, damit das Öl nur gerade eben schmilzt und nicht zu heiß wird.

Für den Vorratsschrank

Kokosöl allein kann für viele Gesundheits-, Schönheits- und Haushaltsanwendungen benutzt werden. Kombiniert man es mit weiteren Zutaten, ergeben sich noch viele weitere Anwendungsmöglichkeiten, sodass das Öl Ihnen bald unentbehrlich sein wird. Nachfolgend finden Sie einige nützliche Zutaten für Ihren Vorratsschrank. Mit diesen können Sie fast alle Mischungen aus diesem Buch zubereiten. Ungewöhnlichere oder seltener verwendete Zutaten werden im jeweiligen Rezept angegeben und erläutert.

Ätherische Öle
Ätherische Öle sind konzentrierte Essenzen verschiedener Blumen und Pflanzen. Sie duften nicht nur intensiv, sondern besitzen auch viele unterschiedliche gesundheitsfördernde Wirkungen.

Besonders die folgenden Öle werden für viele Anwendungen genutzt:

- Lavendel
- Pfefferminze
- Rose
- Eukalyptus
- Weihrauch

Sheabutter

Sheabutter ist ein aus der Nuss des afrikanischen Karitébaums gewonnenes Fett. Es ist ein toller Feuchtigkeitsspender für die Haut und kommt in einigen Beautyrezepten in diesem Buch zum Einsatz. Sie erhalten Sheabutter problemlos online oder in Reformhäusern und Bioläden. Wählen Sie stets unraffinierte Sheabutter.

Kakaobutter

Kakaobutter ist das Fett aus der Kakaobohne. Wie Sheabutter besitzt sie tolle feuchtigkeitsspendende Eigenschaften, riecht aber intensiver – nach Schokolade! Kakaobutter ist die Grundlage für viele gute Körpercremes, doch den Schokoladenduft sollte man durch ätherische Duftöle etwas abschwächen. Auch hier sollten Sie unraffinierte Butter nehmen.

Aloe-vera-Gel

Aloe-vera-Gel wird aus dem fleischigen Inneren des Aloe-vera-Blattes gewonnen. Es beruhigt und kühlt die Haut und ergänzt sich in verschiedenen Hautpflegeprodukten hervorragend mit Kokosöl. Achten Sie beim Kauf auf Bioqualität und den Zusatz „100% Aloe Vera".

Vitamin-E-Öl

Vitamin E ist ein Antioxidans und hat in Kombination mit Kokosöl eine wohltuende Wirkung auf die Haut. Für einige Zubereitungen brauchen Sie nur eine kleine Menge. Hierfür sind Vitamin-E-Kapseln ideal, die nahezu überall erhältlich sind. Größere Mengen des Öls finden Sie in Reformhäusern und Bioläden oder online. Kaufen Sie Vitamin E in Bioqualität, zum Beispiel in Weizenkeimöl. Pures Vitamin E ist zu klebrig, um es zu verpacken – lesen Sie also aufmerksam die Zutatenliste und vermeiden Sie Öle mit chemischen Zusatzstoffen.

Bienenwachs

Bienenwachs wird von Honigbienen produziert, die daraus die Waben ihres Bienenstocks bauen. Es ist ein natürlicher Feuchtigkeitsspender und bindet andere Zutaten. Viele der Salben und Balsame in diesem Buch verwenden Bienenwachs. Nehmen Sie immer kosmetisches Bienenwachs von hoher Qualität. Kleine Kügelchen lassen sich leichter abmessen und schneller schmelzen als ein ganzer Block Bienenwachs. Sie können das Wachs in Reformhäusern und Bioläden oder online kaufen.

Honig

Honig ist ein unglaublich vielseitiges Lebensmittel, das antibakterielle Eigenschaften besitzt. In den meisten Rezepturen in diesem Buch verwenden wir flüssigen Honig; nur in einigen Rezepten benötigt man cremigen Honig (das ist im jeweiligen Rezept angegeben). Für Anwendungen auf der Haut sollte man immer Bio- oder Imkerhonig wählen, da dieser die beste Qualität hat.

Pflanzliche Seife

Dies ist eine einfache, ökologische Seife ohne chemische Zusatzstoffe, die oft auf Olivenölbasis hergestellt wird.

Kräuter und Gewürze

In den Rezepten in diesem Buch verwende ich wegen ihrer gesundheitsfördernden Eigenschaften und ihres Geschmacks verschiedene Kräuter und Gewürze. Sie sollten zum Beispiel immer einen Vorrat von Zimt, Ingwer und Kurkuma im Haus haben.

Ernährung

KOKOSÖL hat in der Küche seinen festen Platz. Als vielseitige Zutat kann es in unterschiedlichen Zubereitungen verwendet werden, sodass seine hervorragenden Eigenschaften, wie etwa Verbesserung des Stoffwechsels oder Regulierung des Blutzuckerspiegels, optimal zum Einsatz kommen.

Da Kokosöl auch hohe Temperaturen sehr gut verträgt, eignet es sich besonders gut zum Braten.

Durch seinen natürlichen, frischen Geschmack ist Kokosöl die ideale Zutat für Rezepte aus der indischen und thailändischen Küche sowie für süßes Gebäck. Da es bei Zimmertemperatur fest ist, kann es als Bindemittel für Süßspeisen wie beispielsweise Schokoriegel, Toffees, Bonbons und Käsekuchen eingesetzt werden. Wer auf Milchprodukte verzichten muss oder vegan kochen und backen möchte, kann Kokosöl auch wunderbar als Ersatz für Butter verwenden.

Die meisten der folgenden Rezepte enthalten keinen raffinierten Zucker und verwenden hauptsächlich Vollkornprodukte. Alternative Süßmöglichkeiten sind in den jeweiligen Zutatenlisten aufgeführt.

Schon bald wird Kokosöl als köstliche und vielseitige Zutat auch Ihre Küche bereichern.

Frühstück

Gerade beim Frühstück, der wichtigsten Mahlzeit des Tages, kann Kokosöl oft zum Einsatz kommen. Ob Sie nur eine Schale Müsli essen, bevor Sie das Haus verlassen, oder Zeit für ein ausgiebiges gemütlicheres Frühstück haben: Diese Rezepte geben Ihnen die nötige Energie für den Tag.

Pfannkuchen mit Blaubeeren und gerösteten Kokosraspeln

Ergibt 4–6 Stück

225 g Vollkornmehl
2½ TL Backpulver
1 TL Zimt
125 ml Milch
125 g Naturjoghurt
2 Eier
2 EL Honig
2 EL Kokosöl plus etwas mehr
**   zum Braten**
225 g frische oder TK-Blaubeeren
**   plus etwas mehr zum Servieren**
3 EL Kokosraspel
Ahornsirup zum Servieren

Mehl, Backpulver und Zimt in einer Schüssel vermischen, in die Mitte eine Vertiefung drücken. In einer weiteren Schüssel oder einem Rührbecher Milch, Joghurt, Eier und Honig verrühren. Das Kokosöl zerlassen und unter ständigem Rühren zur Milchmischung gießen.

Die flüssigen Zutaten zu den trockenen gießen und so lange verrühren, bis ein glatter Teig entstanden ist. Die Blaubeeren einrühren und den Teig ruhen lassen.

Unterdessen eine Pfanne auf mittlerer Stufe erhitzen und die Kokosraspel darin unter ständigem Rühren goldbraun rösten. Aus der Pfanne nehmen und zur Seite stellen.

Die Pfanne wieder auf den Herd setzen, 1 Teelöffel Kokosöl hineingeben. Wenn die Pfanne heiß und das Kokosöl geschmolzen ist, 60 ml Teig in die Pfanne gießen. 3–5 Minuten braten, bis die Unterseite des Pfannkuchens fest ist und sich auf der Oberseite Blasen bilden. Wenden und die andere Seite braten, dann aus der Pfanne heben und auf einem Teller bei niedriger Hitze im Ofen warm halten. Mit dem restlichen Teig ebenso verfahren, dabei bei Bedarf vor jedem neuen Pfannkuchen noch etwas Kokosöl in die Pfanne geben.

Die fertigen Pfannkuchen mit Ahornsirup, ein paar frischen Blaubeeren und den gerösteten Kokosraspeln garnieren und servieren.

Kürbis-Gewürz-Porridge

Für 1 Portion

40 g Haferflocken (Kleinblatt)
150 ml Wasser (oder Milch,
   je nach Vorliebe)
60 g ungesüßtes Kürbispüree
   aus der Dose
1 TL Zimt
½ TL gemahlener Ingwer
1 EL Kokosöl
1 EL Ahornsirup oder Honig
   (nach Belieben)
gemahlener Zimt zum Servieren

Die Haferflocken mit dem Wasser (oder der Milch) in einem Topf auf mittlerer Stufe erhitzen. 7–10 Minuten köcheln und leicht andicken lassen, dabei regelmäßig umrühren.

Wenn der Porridge dick und cremig ist, Kürbispüree, Zimt, Ingwer, Kokosöl und Ahornsirup oder Honig, falls verwendet, einrühren. Mit Zimt bestreuen und servieren.

Himbeer-Kokos-Porridge

Für 1 Portion

2 EL Kokosraspel
40 g Haferflocken (Kleinblatt)
150 ml Wasser (oder Milch,
   je nach Vorliebe)
125 g frische Himbeeren
1 EL Kokosöl
1 EL Ahornsirup oder Honig
   (nach Belieben)

Die Kokosraspel in einem kleinen Topf auf mittlerer Stufe 2–3 Minuten unter ständigem Rühren goldgelb anrösten. Zur Seite stellen.

Die Haferflocken mit dem Wasser (oder der Milch) in einem Topf auf mittlerer Stufe erhitzen. 7–10 Minuten köcheln und leicht andicken lassen, dabei regelmäßig umrühren.

Wenn der Porridge dick und cremig ist, Himbeeren, Kokosöl und Ahornsirup oder Honig, falls verwendet, einrühren. Mit den gerösteten Kokosraspeln bestreuen und servieren.

Tipps und Ideen

Die Porridge-Grundzutaten Haferflocken und Wasser (oder Milch) können Sie mit vielen weiteren Zutaten aufpeppen: Frische Beeren, gehackte Nüsse oder Trockenfrüchte sind nur einige von vielen Möglichkeiten.

Zimt-Porridge

Für 1 Portion

40 g Haferflocken (Kleinblatt)
150 ml Wasser (oder Milch,
   je nach Vorliebe)
1 EL Kokosöl
1½ TL Zimt
1–2 EL Ahornsirup

Für den Belag:
1 EL Kokosblütenzucker oder
   brauner Zucker
½ TL Zimt
1 EL Kokosbutter oder Manna

Die Haferflocken mit dem Wasser (oder der Milch) in einem Topf auf mittlerer Stufe erhitzen. 7–10 Minuten köcheln und leicht andicken lassen, dabei regelmäßig umrühren.

Wenn der Porridge dick und cremig ist, Kokosöl, Zimt und Ahornsirup einrühren. In eine Schüssel gießen.

Für den Belag Kokosblüten- oder braunen Zucker und Zimt vermischen und auf den Porridge streuen, dann einen Stich Kokosbutter (muss vor Gebrauch eventuell etwas weicher werden) oder Manna zugeben.

Porridge mit Apfel, Rosinen und Zimt

Für 1 Portion

40 g Haferflocken (Kleinblatt)
150 ml Wasser (oder Milch,
   je nach Vorliebe)
1 süßer Apfel
2 EL Rosinen
1 TL Zimt plus etwas mehr
   zum Servieren
1 EL Kokosöl
1 EL Ahornsirup oder Honig
   (nach Belieben)

Die Haferflocken mit dem Wasser (oder der Milch) in einem Topf auf mittlerer Stufe erhitzen. Den Apfel in kleine Stücke schneiden und zusammen mit Rosinen und Zimt hinzugeben. Das Ganze 7–10 Minuten köcheln und leicht andicken lassen, dabei regelmäßig umrühren.

Wenn der Porridge dick und cremig ist, Kokosöl und Ahornsirup oder Honig, falls verwendet, einrühren. Mit Zimt bestreuen und servieren.

Bananen-Nuss-Porridge

Für 1 Portion

40 g Haferflocken (Kleinblatt)
150 ml Wasser (oder Milch, je
   nach Vorliebe)
1 Banane
1 EL Kokosöl
1 EL Ahornsirup oder Honig
   (nach Belieben)
25 g Walnusskerne

Die Haferflocken mit dem Wasser (oder der Milch) in einem Topf auf mittlerer Stufe erhitzen. Das Ganze 7–10 Minuten köcheln und leicht andicken lassen, dabei regelmäßig umrühren.

Die Banane gut zerdrücken, hinzugeben und gründlich verrühren. Kokosöl und Ahornsirup oder Honig, falls verwendet, einrühren. Die Walnusskerne hacken und vor dem Servieren auf dem Porridge verteilen.

Knuspermüsli mit Mandeln und Chai-Gewürzen

Für 6–8 Portionen

150 g Mandeln
150 g Cashewkerne
175 g Haferflocken (Großblatt)
1 Prise Meersalz
1 TL Zimt
½ TL gemahlener Ingwer
¼ TL gemahlene Gewürznelken
2 EL Kokosöl
75 ml Honig
60 g Mandelbutter

Den Backofen auf 175 °C (Ober- und Unterhitze) vorheizen. Mandeln und Cashewkerne grob hacken und in einer großen Schüssel mit Haferflocken, Salz und Gewürzen vermischen.

Das Kokosöl über einem Wasserbad schmelzen und mit Honig und Mandelbutter verrühren. Die Kokosölmischung zur Haferflockenmischung gießen und gut verrühren, damit alle Nüsse gleichmäßig umhüllt sind.

Die Mischung auf einem mit Backpapier ausgelegten Backblech glatt streichen (eventuell ein zusätzliches Backblech verwenden). Im vorgeheizten Ofen 10–20 Minuten backen, dabei häufig wenden, damit alles gleichmäßig gebacken wird. Aus dem Ofen nehmen, wenn die Mischung goldbraun und knusprig ist.

Das fertige Knuspermüsli abkühlen lassen und bis zu 2 Wochen in einem luftdicht schließenden Behälter aufbewahren.

Schoko-Knuspermüsli mit Haselnüssen

Für 6–8 Portionen

150 g Haselnusskerne
175 g Haferflocken (Großblatt)
75 g Kürbiskerne
75 g Sonnenblumenkerne
60 g Kokosöl
75 ml Honig
25 g Kakaopulver
½ TL Salz

Den Backofen auf 175 °C (Ober- und Unterhitze) vorheizen. Die Haselnusskerne grob hacken und in einer großen Schüssel mit Haferflocken und Kernen vermischen.

Das Kokosöl über einem Wasserbad schmelzen, mit Honig, Kakaopulver und Salz verrühren. Die Kokosölmischung zur Haferflockenmischung gießen und gut umrühren, damit alle Nüsse und Kerne gleichmäßig umhüllt sind.

Die Mischung auf einem mit Backpapier ausgelegten Backblech glatt streichen (eventuell ein zusätzliches Backblech verwenden). Im vorgeheizten Ofen 10–20 Minuten backen, dabei häufig wenden, damit alles gleichmäßig gebacken wird. Aus dem Ofen nehmen, wenn die Mischung goldbraun und knusprig ist.

Das fertige Knuspermüsli abkühlen lassen und bis zu 2 Wochen in einem luftdicht schließenden Behälter aufbewahren.

Knuspermüsli mit Kokosraspeln, Vanille und Mandeln

Für 6–8 Portionen

150 g Mandeln
175 g Haferflocken (Großblatt)
100 g Kokosraspel
1 Prise Meersalz
2 EL Kokosöl
75 ml Honig
60 g Mandelbutter
2 TL Vanilleextrakt

Den Backofen auf 175 °C (Ober- und Unterhitze) vorheizen. Die Mandeln grob hacken und in einer großen Schüssel mit Haferflocken, Kokosraspeln und Salz vermischen.

Das Kokosöl über einem Wasserbad schmelzen, dann mit Honig, Mandelbutter und Vanilleextrakt verrühren. Die Kokosölmischung zur Haferflockenmischung gießen und gut umrühren, damit alle Nüsse und Kerne gleichmäßig umhüllt sind.

Die Mischung auf einem mit Backpapier ausgelegten Backblech glatt streichen (eventuell ein zusätzliches Backblech verwenden). Im vorgeheizten Ofen 10–20 Minuten backen, dabei häufig wenden, damit alles gleichmäßig gebacken wird. Aus dem Ofen nehmen, wenn die Mischung goldbraun und knusprig ist.

Das fertige Knuspermüsli abkühlen lassen und bis zu 2 Wochen in einem luftdicht schließenden Behälter aufbewahren.

Getränke

Smoothies eignen sich perfekt als schnelles Frühstück: Sie sind schnell und einfach zu mixen und stecken voller guter Inhaltsstoffe aus gesundem Obst und Gemüse. Allerdings sind sie oft nicht so sättigend – und hier kommt das Kokosöl ins Spiel! Es liefert nicht nur ein Plus an gesunden Nährstoffen, sondern sorgt auch für ein Sättigungsgefühl und einen stabilen Energiepegel. Die Smoothies immer gut mixen, damit sich eventuell vorhandene Kokosöl-Klümpchen auflösen.

Exotischer Smoothie

Für 1 Portion

225 g frische Ananas, in Stücke geschnitten
100 g Mango (frisch oder tiefgekühlt)
1 EL Kokosöl
250 ml Kokoswasser

Alle Zutaten in einen Standmixer geben und zu einem glatten Smoothie pürieren. In ein großes Glas gießen und genießen.

Supercremiger grüner Smoothie

Für 1 Portion

25 g Spinat
1 reife Banane
½ Avocado
1 EL Kokosöl
225 ml Wasser oder Milch

Alle Zutaten in einen Standmixer geben und zu einem glatten Smoothie pürieren. In ein großes Glas gießen und genießen.

Grüner Detox-Smoothie

Für 1 Portion

25 g Spinat
1 reife Banane
1 Stück Salatgurke (8 cm), in Stücke geschnitten
1 EL Kokosöl
225 ml Wasser oder Milch
2–4 Eiswürfel (nach Belieben)

Alle Zutaten in einen Standmixer geben und zu einem glatten Smoothie mixen. In ein großes Glas gießen und genießen.

Cremiger Erdbeersmoothie

Für 1 Portion

225 g frische Erdbeeren
1 Banane
225 g stichfester Joghurt (oder Kokosjoghurt als laktosefreie Variante)
1 EL Kokosöl
225 ml Vollmilch (oder laktosefreie Milch)
2–4 Eiswürfel (nach Belieben)

Alle Zutaten in einen Standmixer geben und zu einem glatten Smoothie pürieren. In ein großes Glas gießen und genießen.

Schoko-Kirsch-Smoothie

Für 1 Portion

100 g TK-Kirschen
1 reife Banane
1 EL Kakaopulver
1 EL Kokosöl
225 ml Wasser

Alle Zutaten in einen Standmixer geben und zu einem glatten Smoothie pürieren. In ein großes Glas gießen und genießen.

Blaubeer-Kokos-Smoothie

Für 1 Portion

225 g Blaubeeren (frisch oder
    tiefgekühlt)
100 g Mango, klein geschnitten
1 EL Kokosöl
225 ml Wasser (oder Milch)
2 EL Kokosmilch

Blaubeeren, Mango, Kokosöl und Wasser (oder Milch) in einen Standmixer geben und zu einem glatten Smoothie pürieren.

In ein großes Glas gießen, die Kokosmilch daraufgeben und genießen.

Warmer Erkältungs-smoothie

Für 1 Portion

1 große Birne, geschält, entkernt
    und in Stücke geschnitten
225 ml Soja-oder Mandeldrink
    (oder laktosefreie Milch)
1 TL gemahlener Ingwer
½ TL Zimt
1 EL Kokosöl

Die Birne in einen Dämpfeinsatz legen und 5–10 Minuten dämpfen.

Den Sojadrink in einem separaten Topf erhitzen.

Gedämpfte Birne, warme Milch, Gewürze und Kokosöl in einen Standmixer geben und zu einem glatten Smoothie pürieren.

Warm im Glas oder Becher servieren.

Kokosölkaffee

Für 1 Portion

225 ml aufgebrühter Kaffee
½–1 EL Kokosöl

Das Kokosöl zum Kaffee geben.
Alternativ in einem Standmixer
oder mit dem Schneebesen so
lange aufmixen, bis der Kaffee
schaumig wird.

Dressings und Dips

Ob für ein leichtes Mittagessen, für ein Picknick, für eine Party oder einen Snack: Schnelle Salatdressings und Dips sollte man immer zur Hand haben. Hier veredelt das Kokosöl nicht nur eine hausgemachte Mayonnaise, sondern verleiht auch einigen Dips eine ganz neue Geschmacksnuance.

Mayonnaise

Ergibt 350 ml

1 Ei plus 2 Eigelb
1 EL Dijonsenf
Saft von ½ Zitrone
½ TL Salz
100 g Kokosöl
125 ml natives Olivenöl extra

Ei, Eigelbe, Senf, Zitronensaft und Salz in eine Küchenmaschine oder einen Standmixer geben und gründlich mixen. Das Kokosöl über einem Wasserbad gerade schmelzen (nicht zu heiß). Den Mixer auf niedriger Stufe laufen lassen, dabei nach und nach Olivenöl und Kokosöl einträufeln.

Die Mayonnaise in ein Schraubglas geben und kühl stellen – so hält sie bis zu 1 Woche.

Kokosöl-Salatdressing

Ergibt 350 ml

75 g Kokosöl
75 ml Olivenöl
75 ml Apfelessig
1 EL Honig
1 Knoblauchzehe, fein gehackt
½ TL italienische Kräutergewürzmischung
1 großzügige Prise Salz
frisch gemahlener schwarzer Pfeffer nach Geschmack

Das Kokosöl über einem Wasserbad schmelzen und beiseite stellen. Die restlichen Zutaten in eine Schüssel geben und gut verquirlen. Stetig weiterrühren und dabei das flüssige Kokosöl einträufeln.

In ein Schraubglas oder eine Flasche geben und in den Kühlschrank stellen. Bevor es unter den Salat gerührt wird, wieder Zimmertemperatur annehmen lassen und durchschütteln.

Das Salatdressing hält im Kühlschrank bis zu 2 Wochen.

Warmer Erdnussbutter-Kokos-Dip

Ergibt 225 ml

100 g Kokosöl
125 g cremige Erdnussbutter
1–2 EL Honig (für einen süßen Dip)
½ TL fein gehackte rote Chilischote und ½ EL Sojasauce (für einen scharfen Dip)
Salz nach Geschmack

Das Kokosöl über einem Wasserbad schmelzen. Die Erdnussbutter zufügen, solange das Kokosöl noch warm ist. Gut verrühren und die süßen oder scharfen Zutaten einrühren.

In eine Schüssel geben und sofort servieren, oder in ein Schraubglas füllen und im Kühlschrank lagern. Vor dem Gebrauch in einer Schüssel mit warmem Wasser aufwärmen.

Scharfer Avocado-Dip

Ergibt 225 ml

2 reife Avocados
Saft von 1 Limette
1 Knoblauchzehe, zerdrückt
½ TL Salz
2 EL Kokosöl
2 EL Wasser
1 rote Chilischote, fein gehackt
1 kleine rote Zwiebel, fein
   gehackt
25 g frischer Koriander,
   fein gehackt

Die Avocados schälen und entkernen. Dann das Fruchtfleisch, Limetten-saft, Knoblauch und Salz in eine Küchenmaschine oder einen Standmixer geben. Das Kokosöl über einem Wasserbad schmelzen und beiseite stellen.

Die Avocado glatt pürieren. Das Kokosöl bei laufender Küchenmaschine einträufeln und so lange mixen, bis alles gut verbunden ist. Das Wasser, falls nötig, teelöffelweise zufügen, damit die Masse etwas luftiger wird. Den Dip in eine Schüssel geben.

Chili, Zwiebel und Koriander vorsichtig unterheben. Sofort servieren oder in einen luftdicht schließenden Behälter geben. Darin hält der Dip im Kühlschrank bis zu 3 Tage.

Curry-Hummus

Ergibt 350 ml

1 Dose Kichererbsen (400 g)
1 Knoblauchzehe, zerdrückt
4 EL Tahini (Sesampaste)
Saft von 1 Zitrone
½ TL mildes Currypulver plus
   etwas mehr zum Servieren
½ TL gemahlener Kreuzkümmel
1 große Prise Kurkuma
¼ TL Salz
2–6 EL Wasser (nach Bedarf)
2 EL Kokosöl

Die Kichererbsen abspülen, abtropfen und in eine Küchenmaschine oder einen Standmixer geben. Knoblauch, Tahini, Zitronensaft, Currypulver, Kreuzkümmel, Kurkuma und Salz hinzufügen. Zu einer dicken, glatten Paste pürieren; falls nötig, esslöffelweise etwas Wasser zugeben, damit die Mischung luftiger wird.

Das Kokosöl an einem warmen Platz schmelzen. Bei laufender Küchen-maschine einträufeln; falls nötig, noch etwas Wasser zugeben (das Hummus wird etwas fester, sobald es kühl steht, daher für eine luftige Konsistenz genügend Wasser zugeben).

In eine Schüssel oder ein Glas füllen und mit Currypulver bestreut servieren.

Tipps und Ideen

Das Kokosöl sorgt bei diesem Curry-Hummus für eine festere Textur und ergänzt hervorragend das kräftige Aroma der Gewürze.

Currys

Kokosöl ist die perfekte Zutat für Currys: Es sorgt für feines Kokosaroma und verleiht dem Gericht Tiefe. Seine Frische mildert scharfe Gerichte, zudem ergänzt es sich wunderbar mit Kräutern wie Koriander.

Kokos-Gemüse-Curry

Für 4 Personen

3 EL Kokosöl
1 Aubergine, gewürfelt
1 Zwiebel, fein gehackt
2 EL mildes Currypulver
1 TL gemahlener Kreuzkümmel
½ TL gemahlener Koriander
2 mittelgroße Süßkartoffeln, gewürfelt
1 Dose Kokosmilch (400 g)
2 Dosen grüne Linsen (à 400 g)
1 rote oder gelbe Paprikaschote, in Streifen geschnitten
brauner oder weißer Reis zum Servieren
frisch gehackter Koriander zum Servieren

1 Esslöffel Kokosöl in eine große Pfanne oder einen Wok geben und auf mittlerer Stufe erhitzen. Die Aubergine darin rundum anbräunen. Herausnehmen und beiseite stellen.

Das restliche Kokosöl in die Pfanne geben. Zwiebel, Currypulver, Kreuzkümmel und Koriander darin 3–5 Minuten dünsten, bis die Gewürze duften und die Zwiebel glasig ist.

Süßkartoffeln und Kokosmilch hinzugeben und das Ganze auf niedriger Stufe 20 Minuten köcheln lassen, bis die Süßkartoffeln gerade weich werden.

Die Linsen abtropfen und mit Aubergine und Paprika in die Pfanne geben. So lange weiterköcheln, bis die Paprika gar sind.

Mit braunem oder weißem Reis und frisch gehacktem Koriander servieren.

Grünes Thai-Hähnchen-Curry

Für 4 Personen

Für die Currypaste:
4 Knoblauchzehen, zerdrückt
½ Zwiebel, gehackt
2 Stängel Zitronengras, geschält und gehackt
1 Stück Ingwerwurzel (5 cm), geschält und gehackt
4 grüne Chilischoten
1 TL gemahlener Kreuzkümmel
60 g frischer Koriander
2 EL Fischsauce
1 EL Kokosöl

Für das Curry:
2 EL Kokosöl
450 g entbeintes Hähnchenschenkelfleisch, gewürfelt
2 Dosen Kokosmilch (à 400 g)
1 rote Paprikaschote, in dünne Streifen geschnitten
225 g Zuckererbsen
brauner oder weißer Reis zum Servieren
frisch gehackter Koriander zum Servieren
2 Limetten, in Spalten geschnitten, zum Servieren

Für die Currypaste alle Zutaten in eine Küchenmaschine geben und zu einer dicken Paste verarbeiten.

Das Kokosöl in einer großen Pfanne oder einem Wok auf mittlerer Stufe erhitzen. 4 gehäufte Esslöffel der Currypaste hineingeben (übrig gebliebene Paste im Kühlschrank aufbewahren) und 5 Minuten sanft köcheln lassen, bis es duftet.

Die Hähnchenwürfel hinzugeben und alles 1–2 Minuten braten, dann die Kokosmilch angießen und die Hitze erhöhen. 20 Minuten köcheln lassen, bis das Hähnchen gar und zart ist.

Paprika und Zuckererbsen zufügen und alles weitere 5 Minuten köcheln lassen.

Mit braunem oder weißem Reis, frischem Koriander und Limettenspalten servieren.

Kichererbsen-Kürbis-Korma

Für 4 Personen

1 EL Kokosöl
1 mittelgroßer Butternut-Kürbis, geschält und gewürfelt
2 Dosen Kichererbsen (à 400 g)
brauner oder weißer Reis oder Naan-Brot zum Servieren
frisch gehackter Koriander zum Servieren

Für die Korma-Sauce:
60 g Kokosöl
60 Cashewkerne, grob gehackt
225 ml Gemüsebrühe plus etwas mehr, falls benötigt
225 ml stichfester Joghurt
60 g Tomatenmark
1 EL Honig
3 TL Garam Masala
1 TL Zimt
1 TL Kurkuma
1 TL gemahlener Koriander
½ TL Kreuzkümmel

Dieses cremige Curry schmeckt auch mit Hühnchen – anstelle der Kichererbsen oder auch kombiniert. Übrig bleibende Sauce im Kühlschrank aufbewahren oder für das nächste Korma einfrieren.

Den Backofen auf 200 °C (Ober- und Unterhitze) vorheizen.

Das Kokosöl über einem Wasserbad schmelzen. Die Kürbisstücke mit dem Kokosöl vermengen und nebeneinander auf einem Backblech ausbreiten. 30–40 Minuten backen, bis der Kürbis weich ist.

Während der Kürbis im Ofen ist, alle Saucen-Zutaten in einer Küchen-maschine pürieren und beiseite stellen.

Die Kichererbsen abspülen und abtropfen und mit dem Kürbis in einen großen Topf geben. Etwa die Hälfte der Korma-Sauce zufügen und alles zum Köcheln bringen; falls nötig, zum Verdünnen etwas Gemüsebrühe hinzugeben. So lange köcheln lassen, bis alle Zutaten gut durchwärmt sind, dann mit Reis oder Naan und gehacktem Koriander servieren.

Linsen-Dal

Für 2–4 Personen

400 g rote Linsen
2 EL Kokosöl
1 Zwiebel, fein gehackt
2 Knoblauchzehen, zerdrückt
1 Stück frische Ingwerwurzel
 (5 cm), geschält und gerieben
1 TL Kurkuma
½ TL Salz
475 ml Gemüsebrühe
1 TL Garam Masala
100 ml Kokosmilch
frisch gehackte Petersilie zum
 Bestreuen
Reis oder Naan-Brot zum
 Servieren

Dieses Linsen-Dal enthält gleich zwei Superfoods, die entzündungshemmend wirken: Kokosöl und Kurkuma. Es kann als Hauptspeise
zusammen mit Reis oder Naan-Brot oder auch als eigenständiges
Gericht – ähnlich einem Eintopf – serviert werden.

Linsen verlesen und in einem Sieb abspülen. Das Kokosöl in einem
großen Topf bei mittlerer Hitze erwärmen. Zwiebel, Knoblauch, Ingwer,
Kurkuma und Salz hineingeben und 2 Minuten unter ständigem Rühren
sanft andünsten.

Linsen und Gemüsebrühe zugeben und das Ganze zum Köcheln
bringen. Abgedeckt 15 Minuten köcheln lassen. Garam Masala und
Kokosmilch einrühren. So lange weiterköcheln, bis das Dal eine dicke,
püreeartige Konsistenz hat.

Mit gehackter Petersilie bestreuen und mit Reis oder Naan-Brot
servieren.

Gebratenes Fleisch und Gemüse

Kokosöl ist genau das Richtige für Brathähnchen: Es sorgt für eine knusprige Haut, saftiges Fleisch und noch mehr Geschmack. Wenn Sie mehr als vier Gäste bewirten, nehmen Sie eine Poularde und verändern Sie die Garzeiten entsprechend. Sie müssen dann, je nach Größe des Huhns, auch mehr Kokosöl für die Paste nehmen.

Brathähnchen mit Zitrone, Knoblauch und Rosmarin

Für 4 Personen

1 mittelgroßes Hähnchen
75 g Kokosöl
2 Bio-Zitronen
6 Knoblauchzehen, davon
    2 fein gehackt
2 Zweige frischer Rosmarin

Den Backofen auf 190 °C (Ober- und Unterhitze) vorheizen. Das Hähnchen in einen großen Bräter legen. Abdecken und stehen lassen, damit es Zimmertemperatur annimmt.

Das Kokosöl über einem Wasserbad weich werden lassen. Die Schale der Zitronen abreiben. Zitronenschale, gehackten Knoblauch und Kokosöl zu einer Paste verrühren.

Die Zitronen halbieren und mit den 4 ganzen Knoblauchzehen sowie 1 Zweig Rosmarin (falls nötig, in Stücke gebrochen) in die Bauchhöhle des Hähnchens legen. Das Hähnchen mit der Kokosölpaste einreiben, dabei an der Brustseite etwas Paste unter die Haut schieben. Den zweiten Rosmarinzweig durch die Lücke zwischen den Keulen fädeln.

Im Ofen nach Anweisung des Ofenherstellers braten (meist 20 Minuten je 450 g Fleisch, plus weitere 20 Minuten). Das Hähnchen alle 30 Minuten mit dem Saft begießen, der sich im Bräter gesammelt hat. Gegen Ende der Garzeit mit einem Fleischthermometer prüfen, ob das Fleisch gar ist. Alternativ das Fleisch am Schenkel einstechen, der austretende Saft muss klar sein.

15 Minuten ruhen lassen, dann das Hähnchen zerlegen und servieren.

Variationen

Brathähnchen mit Honig, Chili und Limette: Die Zitronen durch 1 Limette ersetzen, nur 1 Knoblauchzehe verwenden und den Rosmarin durch 2 fein gehackte rote Chillischoten und 2 Esslöffel Honig ersetzen. Das Hähnchen einreiben und nach dem Rezept wie oben vorgehen.

Chinesisches Fünf-Gewürze-Brathähnchen: Nur 1 Knoblauchzehe verwenden, Zitronen und Rosmarin durch 3 Esslöffel chinesisches 5-Gewürze-Pulver, 2 Esslöffel Honig und 1 Esslöffel Sojasauce ersetzen. Das Hähnchen mit der Mischung einreiben und nach dem Rezept wie oben vorgehen.

Gebackene Süßkartoffeln

1 mittelgroße Süßkartoffel
   pro Person
½–1 EL Kokosöl pro Person
Salz und frisch gemahlener
   schwarzer Pfeffer

Den Backofen auf 190 °C (Ober- und Unterhitze) vorheizen.

Ganze Süßkartoffeln waschen, mit Kokosöl und Salz einreiben und in Alufolie wickeln. Je nach Größe etwa 1 Stunde backen, bis sie gar sind.

Alternativ die Süßkartoffeln in gleich große Spalten, Scheiben oder Würfel schneiden. Auf ein Backblech legen und das Kokosöl darüber-geben. 5 Minuten in den Ofen stellen, das Blech herausnehmen und die Süßkartoffelstücke im geschmolzenen Öl wenden, bis sie gleichmäßig umhüllt sind. Wieder in den Ofen geben und etwa 30–40 Minuten backen, bis die Süßkartoffeln gar sind.

Mit Salz und Pfeffer abschmecken und servieren.

Mediterranes Gemüse

Für 4 Personen

2 große Paprikaschoten,
   gewürfelt
1 kleine Aubergine, gewürfelt
1 Zucchini, gewürfelt
2 rote Zwiebeln, in Spalten
   geschnitten
2 EL Kokosöl
Salz und frisch gemahlener
   schwarzer Pfeffer

Den Backofen auf 190 °C (Ober- und Unterhitze) vorheizen. Das Gemüse mit dem Kokosöl auf ein Backblech legen. 5 Minuten in den Ofen geben, herausnehmen und die Gemüsestücke im geschmolzenen Öl wenden.

Wieder in den Ofen geben und etwa 30–40 Minuten backen, bis das Gemüse weich und an den Rändern goldbraun wird.

Mit Salz und Pfeffer abschmecken und servieren.

Gebackenes Wurzelgemüse

Für 4 Personen

1 kleiner Butternut-Kürbis,
   entkernt und in Spalten
   geschnitten
1 Pastinake, gewürfelt
1 kleine Steckrübe, gewürfelt
2 EL Kokosöl
Salz und frisch gemahlener
   schwarzer Pfeffer

Den Backofen auf 190 °C (Ober- und Unterhitze) vorheizen. Das Gemüse mit dem Kokosöl auf ein oder zwei Backbleche verteilen. 5 Minuten in den Ofen geben, herausnehmen und die Gemüsestücke im geschmolzenen Öl wenden.

Wieder in den Ofen geben und etwa 30–40 Minuten backen, bis das Gemüse weich ist.

Mit Salz und Pfeffer abschmecken und servieren.

Grünkohlchips

Für 4 Personen
6–8 große Stängel Grünkohl
2 EL Kokosöl
½ TL Salz

Den Backofen auf 130 °C (Ober- und Unterhitze) vorheizen. Die Grünkohlblätter von den Stielen schneiden und diese entsorgen. Die Blätter in mundgerechte Stücke schneiden, waschen und gut abtrocknen (Feuchtigkeit macht die Grünkohlchips weich).

2 oder 3 Backbleche mit Backpapier auslegen. Die Grünkohlstücke nebeneinander darauf verteilen.

Das Kokosöl über einem Wasserbad schmelzen und über den Grünkohl träufeln. In die Blätter einarbeiten und das Salz darüberstreuen.

Im Ofen etwa 20 Minuten backen, bis der Grünkohl knusprig ist, dabei alle 5 Minuten nachschauen. Vor dem Servieren abkühlen lassen.

Gebackenes Obst

Vielleicht haben Sie noch nie Obst gebacken, doch es lohnt sich! Das Backen im Ofen intensiviert die Süße und karamellisiert das Obst. Das schmeckt sowohl zu süßen als auch zu herzhaften Gerichten – probieren Sie es als einfaches Dessert mit Eiscreme oder Joghurt oder servieren Sie es zu gebratenem Fleisch oder als Pizzabelag.

Gebackene Pfirsiche und Nektarinen

Für 4 Personen

900 g gemischte Pfirsiche und Nektarinen
2 EL Kokosöl

Den Backofen auf 200 °C (Ober- und Unterhitze) vorheizen. Die Früchte waschen und abtrocknen. Halbieren, entsteinen und zu Vierteln schneiden.

Das Kokosöl über einem Wasserbad schmelzen, das Obst auf ein Backblech legen und das Öl darüberträufeln. Alles gut vermengen, sodass die Obststücke gut umhüllt sind.

15–20 Minuten backen, bis das Obst weich und zart ist und an den Rändern goldbraun wird.

Gebackene Pflaumen mit Mandeln

Für 2 Personen

450 g Pflaumen
1 EL Kokosöl
2 EL Mandelblättchen
Eiscreme oder Vanillesauce zum Servieren

Den Backofen auf 200 °C vorheizen. Die Pflaumen waschen und abtrocknen. Halbieren, entsteinen und zu Vierteln schneiden.

Das Kokosöl über einem Wasserbad schmelzen, die Pflaumen auf ein Backblech legen und das Öl darüberträufeln. Alles gut vermengen, sodass die Obststücke gut umhüllt sind.

10–15 Minuten backen, oder bis das Obst weich und zart ist und an den Rändern goldbraun wird.

Mit den Mandelblättchen bestreuen und wieder in den Ofen geben. Die Temperatur auf 220 °C erhöhen und weitere 5 Minuten backen. Mit Eiscreme oder Vanillesauce servieren.

Tipps und Ideen

Backen ist eine praktische Methode, um Obst zu verbrauchen, das nicht gut gereift ist: Beim Backen wird es schön weich.

Snacks: Popcorn, Riegel und Bällchen

Probieren Sie diese schnellen Snacks für eine kleine Verschnaufpause. Neben Kokosöl stecken in den Rezepten noch viele weitere gesunde Zutaten.

Erdnussbutter-Chocolate-Chip-Energiebällchen

Ergibt 8–10 Stück

125 g Haferflocken
60 g Schokotröpfchen
2 EL Chiasamen (nach Belieben)
1 großzügige Prise Salz
60 g Kokosöl
75 g grobe Erdnussbutter
75 ml Honig

Haferflocken, Schokotröpfchen, Chiasamen, falls verwendet, und Salz in einer großen Schüssel vermengen.

Das Kokosöl über einem Wasserbad schmelzen, bis es weich wird – nicht zu heiß, denn dann schmelzen die Schokotröpfchen – und mit Erdnussbutter und Honig verrühren.

Zur Haferflockenmischung geben und gut verrühren. Die Masse zu kleinen Kugeln rollen und auf einen Teller oder eine Platte legen. So lange in den Tiefkühler stellen, bis sie fest geworden sind. In einem luftdicht schließenden Behälter im Kühlschrank bis zu 1 Woche aufbewahren.

Popcorn

Für 4 Personen

3 EL Kokosöl
75 g Popcorn-Maiskörner
Salz oder Zucker zum Bestreuen

Das Kokosöl in einen großen Topf mit Deckel geben und auf mittlerer bis hoher Stufe zerlassen. 3–4 Maiskörner hinzugeben, den Deckel auflegen und warten, bis sie aufgepoppt sind.

Dann den Rest der Körner zufügen und den Topf für einige Sekunden vom Herd nehmen. Auf diese Weise poppen alle Körner zur gleichen Zeit auf und brennen nicht an.

Den Topf mit Deckel wieder auf den Herd stellen, dabei den Deckel schräg auflegen, damit Dampf entweichen kann. Sobald das Poppen schwächer wird, am Topf rütteln. Dann das fertige Popcorn in eine große Schüssel füllen. Mit Salz oder Zucker bestreuen, abkühlen lassen und servieren.

Tipps und Ideen

Als Variation das Popcorn anstelle von Salz oder Zucker auch einmal mit etwas Chilipulver würzen.

Nuss-Dattel-Snack

Ergibt 8–10 Stück

150 g Mandelkerne (oder andere Nüsse wie Cashew-, Wal- oder Haselnusskerne)
175 g getrocknete Datteln
2 EL Kokosöl
¼ TL Salz

Wenn man wie in diesem Rezept nur rohe Zutaten verwendet, bleiben alle gesundheitsfördernden Enzyme erhalten. Dieses einfache Rezept ist wunderbar vielseitig – für andere Aromen können Sie mit weiteren Zutaten wie Kakaopulver experimentieren.

Die Mandeln in einer Küchenmaschine fein hacken. Datteln, Kokosöl und Salz hinzugeben und so lange verarbeiten, bis sich die Mischung verbindet.

Herausnehmen und zu kleinen Bällchen rollen. Im Kühlschrank in einem luftdicht schließenden Behälter bis zu 1 Woche aufbewahren.

Hafer-Rosinen-Riegel

Ergibt 9 Stück

175 g Haferflocken
150 g Rosinen
1 TL Zimt
4 EL Kokosöl plus etwas mehr zum Einfetten
175 ml ungesüßtes Apfelmus
175 ml Ahornsirup oder Honig

Den Backofen auf 175 °C (Ober- und Unterhitze) vorheizen. Haferflocken, Rosinen und Zimt in einer großen Schüssel vermengen.

Das Kokosöl über einem Wasserbad schmelzen. Apfelmus und Ahornsirup hinzufügen und unterrühren. Zu den trockenen Zutaten geben und gut vermengen.

Eine 20 x 20 cm große Backform mit Kokosöl einfetten und die Mischung einfüllen; mit einem Löffelrücken verstreichen.

20–25 Minuten im Ofen goldbraun backen. In der Form abkühlen lassen, dann herausnehmen und in Scheiben schneiden.

Müsliriegel ohne Backen

Ergibt 6 Stück

75 g Kokosöl plus etwas mehr zum Einfetten
175 g Haferflocken
75 g Mandelbutter
75 g gehackte Mandeln
25 g Kürbiskerne
25 g Sonnenblumenkerne
75 ml Honig
1 TL Vanilleextrakt
½ TL Zimt
¼ TL Salz

Diese Müsliriegel werden ohne zu backen hergestellt und von Kokosöl und Mandelbutter gebunden. Sie stecken voller energiespendender Nüsse und Kerne, was sie zum perfekten Frühstück oder Snack für unterwegs macht.

Das Kokosöl über einem Wasserbad schmelzen und in einer großen Schüssel mit den restlichen Zutaten vermengen.

Eine 20 x 20 cm große Backform mit Kokosöl einfetten und die Mischung einfüllen; mit einem Löffelrücken verstreichen.

So lange kühlen oder gefrieren, bis die Mischung fest wird. Aus der Form nehmen und in 6 Riegel schneiden. Die Riegel in Alufolie gewickelt bis zu 1 Woche im Kühlschrank oder bis zu 6 Monate im Tiefkühlfach aufbewahren.

Snacks: Geröstete Nüsse und Kerne

Nüsse und Kerne sind immer ein leckerer und gesunder Snack. Rösten Sie sie mit Kokosöl und anderen Zutaten, und Sie erhalten eine schöne Aromenvielfalt.

Karamellisierte Nüsse und Kerne

Für 4 Personen als Snack

150 g Mandelkerne
75 g Cashewkerne
25 g Kürbiskerne
25 g Sonnenblumenkerne
3 EL Kokosblütenzucker oder
  brauner Zucker
½ TL Zimt
½ TL Salz
2 EL Wasser
3 EL Honig
2 TL Kokosöl

Den Backofen auf 175 °C (Ober- und Unterhitze) vorheizen. Nüsse und Kerne auf einem mit Backpapier ausgelegten Backblech verteilen. 10 Minuten im Ofen rösten, bis sie goldbraun sind, dann zum Abkühlen beiseite stellen.

Zucker, Zimt und Salz in einer kleinen Schüssel vermischen. Wasser, Honig und Kokosöl in einen Topf geben und auf mittlerer bis hoher Stufe unter ständigem Rühren zum Kochen bringen.

Nüsse und Kerne unter ständigem Rühren in den Topf geben; sie sollen ganz von der Honigmischung überzogen sein. 2 Esslöffel Zuckermischung zugeben und weiterrühren, bis die Nüsse außen karamellisiert sind.

Alles in eine große Schüssel geben, den Rest der Zuckermischung zufügen und gut vermengen. Nüsse und Kerne auf einem Blatt Backpapier ausbreiten, abkühlen und aushärten lassen.

In einem luftdicht schließenden Behälter bis zu 2 Wochen aufbewahren.

Pikant geröstete Cashewkerne

Für 4 Personen als Snack

300 g Cashewkerne
1 TL scharfes Chilipulver
½ TL Salz
2 EL Kokosöl

Den Backofen auf 160 °C (Ober- und Unterhitze) vorheizen. Die Cashewkerne mit Chilipulver und Salz in eine Schüssel geben. Das Kokosöl über einem Wasserbad schmelzen und die Flüssigkeit über die Cashewkerne gießen. Gut verrühren, damit sie von Öl umhüllt sind.

Alles auf ein mit Backpapier ausgelegtes Backblech gießen. 10–15 Minuten im Ofen rösten, dabei regelmäßig wenden, damit die Kerne gleichmäßig rösten und nicht anbrennen.

Abkühlen lassen und in einem luftdicht schließenden Behälter bis zu 2 Wochen aufbewahren.

Tamari-Kerne

Für 4 Personen als Snack

1 EL Kokosöl
150 g Kürbiskerne
150 g Sonnenblumenkerne
2–3 EL Tamari oder Sojasauce

½ Esslöffel des Kokosöls auf mittlerer Stufe in einer Pfanne erhitzen. 75 g Kürbiskerne und 75 g Sonnenblumenkerne sowie die Hälfte der Tamari oder Sojasauce zugeben und die Kerne unter ständigem Rühren rösten.

Wenn die Kerne goldbraun sind und aufzuspringen beginnen, aus der Pfanne nehmen und abkühlen lassen. Mit den restlichen Kernen ebenso verfahren.

In einem luftdicht schließenden Behälter bis zu 2 Wochen aufbewahren.

Süße Zimtmandeln

Für 4 Personen als Snack

300 g Mandeln
60 g Kokosblütenzucker oder
**   brauner Zucker**
2 TL Zimt
½ TL Salz
2 EL Kokosöl

Den Backofen auf 160 °C (Ober- und Unterhitze) vorheizen. Die Mandeln mit Kokosblütenzucker, Zimt und Salz in eine Schüssel geben. Das Kokosöl über einem Wasserbad schmelzen und über die Mandeln geben. Gut vermengen, damit die Mandeln vollständig umhüllt sind.

Die Mischung auf ein mit Backpapier ausgelegtes Backblech gießen. 15–20 Minuten im Ofen rösten, dabei regelmäßig wenden, damit die Mandeln gleichmäßig bräunen und karamellisieren.

Abkühlen lassen und in einem luftdicht schließenden Behälter bis zu 2 Wochen aufbewahren.

Tipps und Ideen

Wenn Sie eine Auswahl verschiedener Snacks anbieten möchten, können Sie für mehr Variation sorgen, indem Sie bei den süßen Rezepten einige Trockenfrüchte oder Schokotröpfchen untermischen.

Snacks: Aufstrich

Probieren Sie diese süßen Brotaufstriche auf Brötchen oder als Dip für Obst. Hier verbinden sich alle Vorzüge des Kokosöls mit weiteren köstlichen Zutaten.

Nuss-Nugat-Creme

Ergibt 450 g

300 g Haselnusskerne (oder 300 g fertige Haselnussbutter)
60 g dunkle Schokotröpfchen
1 EL Kokosöl
1 EL Honig
2 EL Kakaopulver
1 TL Meersalz

Den Backofen auf 160 °C (Ober- und Unterhitze) vorheizen. Die Haselnusskerne auf ein Backblech geben und 10 Minuten im Ofen rösten, bis sie gerade goldbraun werden. 5–10 Minuten abkühlen lassen, dann auf ein sauberes Küchenhandtuch legen. Mit dem Tuch bedecken und die Häute der Nüsse abreiben.

Die Haselnusskerne in eine Küchenmaschine geben. 10–20 Minuten verarbeiten (zwischendurch unterbrechen, damit die Küchenmaschine sich nicht überhitzt), bis eine fast flüssige Haselnussbutter entsteht.

Schokotröpfchen, Kokosöl und Honig über kochendem Wasser vollständig schmelzen. Kakaopulver und Salz hinzufügen.

Bei laufendem Motor die Schokomischung in die Küchenmaschine zur Haselnussbutter gießen, bis alles sich gut verbunden hat.

In ein Schraubglas füllen und im Kühlschrank aufbewahren. Vor dem Servieren Zimmertemperatur annehmen lassen oder etwas aufwärmen.

Schokoladenaufstrich

Ergibt 300 g

1 Dose Kokosmilch (400 g)
60 g Kokosöl
75 ml Honig
25 g Kakaopulver

Die Kokosmilchdose im Kühlschrank kalt werden lassen. Das Kokosöl über einem Wasserbad schmelzen, dann mit Honig und Kakaopulver verrühren.

Die Kokosmilch aus dem Kühlschrank nehmen, die Dose ohne zu schütteln öffnen und die feste Kokoscreme, die sich oben abgesetzt hat, mit einem Löffel abnehmen und unter die restlichen Zutaten rühren.

In ein kleines Schraubglas füllen und im Kühlschrank aufbewahren. Wer möchte, kann das Glas vor dem Servieren in eine Schüssel mit warmem Wasser stellen.

Erdbeermarmelade

Von diesem Aufstrich gibt es auch eine Bananenversion: Ersetzen Sie die Erdbeeren und den Honig durch 2 reife Bananen, 125 g Erdnussbutter und ½ Teelöffel Salz.

Ergibt 1 Glas

100 g Kokosöl
350 g Erdbeeren
75 ml Honig

Das Kokosöl über einem Wasserbad schmelzen und mit den restlichen Zutaten in eine Küchenmaschine oder in einem Standmixer glatt pürieren.

In ein kleines, Schraubglas füllen und im Kühlschrank aufbewahren. Wer möchte, kann das Glas vor dem Servieren in eine Schüssel mit warmem Wasser stellen.

Schokolade

Kokosöl harmoniert wunderbar mit Schokolade, wodurch sich eine überraschend neue Geschmacksdimension ergibt. Diese Auswahl an Süßigkeiten, Desserts und Kuchen ist genau das Richtige für Schokofans.

Brownies

Ergibt 9 Stück

6 EL Kokosöl
175 g dunkle Schokotröpfchen
150 g Kokosblütenzucker oder Zucker
2 große Eier
2 TL Vanilleextrakt
25 g Kakaopulver
3 EL Speisestärke
¼ TL Salz
75 g Walnusskerne (nach Belieben)

Brownies sind das ultimative Schokogebäck. Dieses Rezept ist glutenfrei und kann auch mit laktosefreien Schokotröpfchen zubereitet werden.

Den Backofen auf 175 °C (Ober- und Unterhitze) vorheizen. Eine 20 x 20 cm große Form mit Backpapier auslegen.

Das Kokosöl mit den Schokotröpfchen über kochendem Wasser schmelzen und beiseite stellen.

Zucker, Eier und Vanilleextrakt mit dem Handmixer glatt und schaumig schlagen. Die Kokosölmischung hinzugießen und gut verrühren. Kakaopulver, Speisestärke und Salz zufügen und weiterschlagen, bis ein dicker, glatter Teig entsteht. Die Walnusskerne, falls verwendet, grob hacken und unterheben.

Den Teig in die Backform geben und die Oberfläche mit der Rückseite eines Löffels glatt streichen. 25 Minuten backen, bis die Oberfläche sich erhärtet hat.

20 Minuten in der Form abkühlen lassen, dann herausnehmen. In 9 Quadrate schneiden und warm servieren oder in einem luftdicht schließenden Behälter bis zu 5 Tage aufbewahren. Die Brownies können auch in Alufolie gewickelt eingefroren werden.

Kokosölschokolade

Ergibt 10–12 Stück

100 g Kokosöl
60 g Kakaopulver
2–3 EL Honig
1 großzügige Prise Salz

Durch Zugabe von Minze- oder Orangenaroma, gehackten Nüssen oder Trockenfrüchten können Sie stets neue Geschmacksrichtungen und Texturen kreieren.

Das Kokosöl über einem Wasserbad schmelzen und mit Kakaopulver, Honig und Salz verrühren.

Die Mischung in kleine Silikonformen gießen und zum Aushärten in den Kühlschrank stellen (oder in den Tiefkühler, wenn es schnell gehen soll). Aus den Formen nehmen und in einem luftdicht schließenden Behälter im Kühlschrank aufbewahren.

Mousse au chocolat

Diese reichhaltige Verwöhn-Schokomousse ist milchfrei oder vegan, enthält keinen raffinierten Zucker und steckt voller gesunder Fette.

Für 4 Personen

3 EL Kokosöl
2 große reife Avocados
100 ml Honig (oder ein anderes
    flüssiges Süßungsmittel)
60 g Kakaopulver plus etwas mehr
    zum Bestäuben
¼ TL Salz

Das Kokosöl über einem Wasserbad schmelzen. Alle anderen Zutaten in eine Küchenmaaschine oder einen Standmixer geben und glatt pürieren.

Bei langsam laufendem Motor das Kokosöl zugeben und weitermixen, bis es gut eingearbeitet ist.

Die Mousse auf 4 Gläser oder Schüsseln aufteilen und bis zum Verzehr kühl stellen. Mit Kakaopulver bestäuben und servieren.

Magische Schokoglasur für Eiscreme

Überziehen Sie Ihren Eis-Nachtisch mit dieser magischen Glasur, die beim Abkühlen schnell hart wird.

Für 4 Personen

60 g dunkle Schokotröpfchen
75 g Kokosöl

Schokotröpfchen und Kokosöl über einem Wasserbad schmelzen.

Sofort verwenden oder in ein Schraubglas geben und bei Zimmertemperatur aufbewahren. Für die erneute Verwendung das Glas zum Aufwärmen in eine Schüssel mit warmem Wasser stellen. Zum Servieren über das Dessert gießen und fest werden lassen.

Kokos-Bruchschokolade mit Pistazien und Gojibeeren

Knusprig-knackige Bruchschokolade ist ein großartiges Mitbringsel – oder Sie verwöhnen sich einfach selbst damit. Probieren Sie zuerst diese Version mit leckeren Nüssen und Trockenfrüchten und experimentieren Sie dann mit eigenen Zutaten.

100 g Kokosöl
60 g Kakaopulver
2 EL Honig
¼ TL Salz
40 Pistazien
60 g Gojibeeren
25 g Kokosraspel

Das Kokosöl über einem Wasserbad schmelzen. Mit Kakaopulver, Honig und Salz verrühren.

Eine kleine rechteckige Form mit Backpapier auslegen. Die Schokoladenmasse hineingießen und verteilen.

Die Pistazien grob hacken und auf die Schokomasse streuen, dann Gojibeeren und Kokosraspel darübergeben. Alle Pistazien und Beeren, die noch nicht an der Schokomasse kleben, hineindrücken.

Die Form in den Kühlschrank oder den Tiefkühler stellen und ganz aushärten lassen. In große Stücke brechen und in einem luftdicht schließenden Behälter im Kühlschrank aufbewahren.

Schokoladenfondue

Ein Schokoladenfondue ist perfekt als süßer Dip für Obst oder Marshmallows – und ein toller Spaß für die nächste Kinderparty.

Für 4 Personen

100 g dunkle Schokotröpfchen
100 g Kokosöl
2 EL Honig
Obstwürfel nach Wahl

Alle Zutaten über kochendem Wasser zerlassen, bis sie flüssig sind. In einen Schokoladenfonduetopf gießen und mit dem Obst servieren.

Kuchen und Gebäck

Kokosöl ist eine tolle Backzutat – und noch dazu kann es bei milchfreien Versionen Ihrer Lieblingsrezepte als Butterersatz zum Einsatz kommen.

Kokos-Bananen-Brot mit Schokolade

Für 8–10 Personen

60 g Kokosmehl
60 g gemahlene Mandeln
¾ TL Natron
25 g Kokosraspel
2–3 Bananen
4 Eier (Zimmertemperatur)
100 ml Honig oder Ahornsirup
100 g Kokosöl plus etwas mehr
    zum Einfetten
60 g dunkle Schokotröpfchen

Den Backofen auf 175 °C (Ober- und Unterhitze) vorheizen. Eine Kastenform mit Backpapier auslegen und mit Kokosöl einfetten.

Kokosmehl, Mandeln, Natron und Kokosraspel in einer großen Schüssel vermischen. Die Bananen zerdrücken und mit Eiern und Honig verrühren. Mit den trockenen Zutaten vermengen.

Das Kokosöl über einem Wasserbad schmelzen und in einem dünnen Strahl unter ständigem Rühren zur Bananenmischung gießen. Die Schokotröpfchen unterheben. Den (recht dickflüssigen) Teig in die Kastenform füllen und glatt streichen.

50 Minuten im Ofen backen, dann mit Folie abdecken, damit der Kuchen nicht zu stark bräunt. Weitere 15–20 Minuten backen, bis an einem in die Mitte gestochenen Holzspieß kein Teig mehr haften bleibt.

15 Minuten in der Form abkühlen lassen, dann auf ein Kuchengitter setzen. Das Bananenbrot hält sich in einem luftdicht schließenden Behälter 5 Tage. Einzelne Scheiben können, in Folie gewickelt, bis zu 6 Monate eingefroren werden.

Tipps und Ideen

Dieses leckere, saftige Bananenbrot ist glutenfrei, und wenn Sie laktosefreie Schokotröpfchen verwenden, auch milchfrei. Es wird mit Kokosmehl gebacken, ein weiteres fantastisches Kokosprodukt, das voller Ballaststoffe steckt und wenig Kohlenhydrate enthält. Da es sehr saugfähig ist, macht es sich in Kokosöl-rezepten sehr gut. Kokosmehl bekommen Sie im Bioladen oder übers Internet.

Kokoskuchen

Für 8 Personen

Für den Teig:
100 g Kokosöl
125 ml Kokoscreme
75 g Kokosblütenzucker oder
  Feinstzucker
1 Bio-Zitrone
75 g Polenta (Maisgrieß)
2 TL Backpulver
125 g Dinkel-oder Weizenmehl
25 g Kokosraspel
3 große Eier
125 ml Vollmilch (oder
  laktosefreier Dring)

Für die Glasur:
2 EL Kokosraspel
2 EL Kokosöl
3 EL Kokoscreme
2 EL Agavendicksaft (oder Honig)

Den Backofen auf 175 °C (Ober- und Unterhitze) vorheizen. Eine runde Backform mit 18 cm Durchmesser mit Backpapier auslegen.

Für den Teig Kokosöl und Kokoscreme in separaten Schüsseln für 10 Minuten an einen warmen Ort stellen, damit sie weich werden. Dann Kokosöl und Zucker mit dem Handmixer so lange verquirlen, bis die Masse hell und luftig wird.

Die Zitronenschale fein abreiben und die Zitrone auspressen. Den Zitronensaft mit Zitronenschale, weicher Kokoscreme, Polenta, Backpulver, Mehl und Kokosraspeln zur Zuckermischung geben und glatt rühren. Eier und Milch verquirlen und langsam hinzugeben; so lange vorsichtig unterheben, bis ein weicher, feuchter Teig entstanden ist.

Den Teig in die Form füllen, glatt streichen und 50 Minuten backen, oder bis an einem in die Mitte gestochenen Holzspieß kein Teig mehr haften bleibt. Den Kuchen in der Form abkühlen lassen.

Für die Glasur die Kokosraspel in einer trockenen Antihaft-Pfanne auf mittlerer Stufe goldbraun rösten. Das Kokosöl über einem Wasserbad schmelzen und mit Kokoscreme und Agavendicksaft verrühren. Die Glasur so über den Kuchen gießen, dass sie an den Seiten herunterläuft. Mit den gerösteten Kokosraspeln bestreuen. Der Kuchen kann vor dem Glasieren eingefroren werden.

Kokos-Tortenboden

Für 6–8 Personen

60 g Kokosöl plus etwas mehr
  zum Einfetten
200 g ungesüßte Kokosraspel
60 g gemahlene Mandeln
2 Eier
2 EL Kokosmehl (oder insgesamt
  75 g gemahlene Mandeln)
1 EL Zucker oder granulierter
  Süßstoff (nach Belieben)

Den Backofen auf 175 °C (Ober- und Unterhitze) vorheizen. Eine Springform mit 25 cm Durchmesser großzügig mit Kokosöl einfetten und mit Backpapier auslegen.

Das Kokosöl über einem Wasserbad schmelzen und mit den restlichen Zutaten in eine Küchenmaschine geben. So lange mixen, bis die Mischung zwar krümelig aussieht, aber zwischen den Fingern zusammenklebt.

Den Teig in die Form füllen und von der Mitte ausgehend in einer gleichmäßigen Schicht verteilen.

Den Tortenboden 20 Minuten vorbacken, oder bis er fest und goldbraun ist. Vor dem Belegen abkühlen lassen. Wird die Kokoscremefüllung (siehe unten) verwendet, noch etwas beiseite stellen, bis er fest ist. Vorsichtig aus der Form lösen und servieren.

Vorschläge für den Belag: Diesen Tortenboden können Sie zum Beispiel mit Kürbiscreme, Äpfeln oder Vanillepudding füllen (mit Belag muss er 15–20 Minuten länger in den Ofen). Für eine Kokoscremefüllung 250 g Sahne mit 50 g weicher Kokoscreme aufschlagen. Auf den Tortenboden geben und verteilen. Mit gerösteten Kokosraspeln bestreuen.

Erdbeer-Vanille-Käsekuchen

Für 8 Personen

Für den Boden:
75 g Mandeln
75 g getrocknete Datteln
125 g Haferflocken
100 ml Honig
60 g Kokosöl

Für die Füllung:
2 Dosen Kokosmilch (à 400 g)
700 g Erdbeeren plus ein paar
    mehr zum Dekorieren
2 TL Vanilleextrakt
100 ml Agavendicksaft (oder
    anderes flüssiges Süßungs-
    mittel wie Honig)
225 g Kokosöl

Die Kokosmilch mindestens 2 Stunden in den Kühlschrank stellen. Für den Boden die Mandeln in eine Küchenmaschine geben und fein hacken. Datteln, Haferflocken und Honig zugeben und noch einmal mixen. Das Kokosöl über einem Wasserbad schmelzen und bei laufendem Motor langsam in die Küchenmaschine träufeln, bis sich die Zutaten verbinden.

Eine große Springform mit Backpapier auslegen, die Tortenbodenmischung hineingeben und mit den Fingern gut festdrücken, damit ein dicker Boden entsteht.

Die Kokosmilch aus dem Kühlschrank nehmen, die Dose ohne zu schütteln öffnen, und die feste Kokoscreme, die sich oben abgesetzt hat, herauslöffeln. Mit Erdbeeren, Vanille und Agavendicksaft in der Küchenmaschine oder in einem Standmixer glatt pürieren.

Das Kokosöl über einem Wasserbad erhitzen, bis es gerade geschmolzen und nicht zu heiß ist. Bei laufendem Motor langsam in die Kokoscrememischung träufeln, bis sich die Zutaten verbunden haben.

Die Füllung auf den Tortenboden geben und glatt streichen. Mit Frischhaltefolie bedeckt mindestens 2 Stunden in den Kühlschrank stellen, bis der Kuchen fest ist. Aus der Form lösen und mit Erdbeerscheiben dekoriert servieren.

Tipps und Ideen

Als Alternative können Sie die Erdbeer-Vanille-Füllung auf kleine Servierschälchen aufteilen und kühlen – ein herrliches Erdbeermousse-Dessert!

Erdnussbutter-Käsekuchen

Für 8 Personen

Für den Boden:
75 g Mandeln
175 g Haferflocken
100 ml Honig
125 g grobe Erdnussbutter
60 g Kokosöl

Für die Füllung:
75 g Kokosöl
450 g Frischkäse, Doppelrahm-
    stufe (Zimmertemperatur)
125 g cremige Ednussbutter
100 ml Agavendicksaft (oder
    anderes flüssiges Süßungs-
    mittel wie Ahornsirup)
magische Schokoglasur (siehe
    Seite 49) oder geschmolzene
    Schokolade zum Servieren
gehackte Erdnusskerne zum
    Garnieren

Für den Boden die Mandeln in eine Küchenmaschine geben und fein hacken. Haferflocken, Honig, Erdnussbutter und Kokosöl zugeben und alles zu einer krümeligen Masse verarbeiten, die zwischen den Fingern zusammenklebt.

Eine Springform mit 18 cm Durchmesser mit Frischhaltefolie auslegen und die Tortenbodenmischung mit den Fingern kräftig festdrücken, damit ein dicker Boden entsteht.

Für die Füllung das Kokosöl schmelzen und beiseite stellen. Den Rest der Zutaten in einer Küchenmaschine oder mit einem Handmixer verrühren. Das Kokosöl bei laufendem Motor langsam einträufeln, bis die Creme ganz glatt ist.

Die Füllung auf den Boden geben und glatt streichen. Mit Frischhaltefolie bedecken und mindestens 2 Stunden kalt stellen, bis der Kuchen fest ist. Aus der Form lösen und mit der magischen Schokoglasur (siehe Seite 49) oder geschmolzener Schokolade beträufelt servieren. Die Mitte des Kuchens mit gehackten Erdnusskernen garnieren.

Cookies-and-Cream-Cheesecake

Für 8 Personen

Für den Boden:
300 g Mandeln
350 g Datteln
1 EL Kokosöl
2 EL Kakaopulver

Für die Füllung:
600 g Cashewkerne
175 ml Agavendicksaft
    (oder anderes flüssiges
    Süßungsmittel wie Honig)
175 g Kokosöl
100 g Kakaonibs (oder gehackte
    rohe Schokolade)

Die Cashewkerne über Nacht in Wasser einweichen. Für den Boden die Mandeln in eine Küchenmaschine geben und fein hacken. Datteln, Kokosöl und Kakaopulver zugeben und so lange weitermixen, bis die Mischung eine Kugel bildet.

Eine große Springform mit Backpapier auslegen. Die Tortenboden-mischung in einer dicken, gleichmäßigen Schicht auf dem Boden der Springform festdrücken. Kühl stellen und währenddessen die Füllung zubereiten.

Dazu die Cashewkerne waschen und abtropfen lassen. Dann mit dem Agavendicksaft in die Küchenmaschine oder einen Standmixer geben. Das Kokosöl über einem Wasserbad schmelzen und bei laufendem Motor zu den Cashewkernen geben. Je nach Größe der Küchenmaschine portionsweise mixen. Kakaonibs oder rohe Schokolade zufügen und gut einarbeiten.

Die Füllung auf den Boden gießen und glatt streichen. Mit Frischhaltefolie abdecken und für mindestens 6 Stunden einfrieren, bis der Kuchen fest ist.

Den Kuchen zum Servieren aus dem Tiefkühler, dann aus der Form nehmen und 20 Minuten ruhen lassen, damit er etwas antaut.

Himbeer-Becherkuchen mit weißer Schokolade

Für 1 Portion

40 g Vollkornmehl
2 EL Kokosblütenzucker
oder Zucker
¼ TL Backpulver
2 EL Kokosöl plus etwas mehr
zum Einfetten
60 ml Milch
½ TL Vanilleextrakt
2 EL weiße Schokotröpfchen
8–10 frische Himbeeren

Mehl, Zucker und Backpulver vermengen. Das Kokosöl über einem Wasserbad schmelzen. Milch und Vanilleextrakt unter die trockenen Zutaten rühren, dabei das Kokosöl einträufeln. Schokotröpfchen und Himbeeren unterheben.

Eine große Tasse mit Kokosöl einfetten und den Teig hineingeben. Auf höchster Stufe 1½–2 Minuten in der Mikrowelle garen, bis der Kuchen fest ist. Vor dem Servieren abkühlen lassen.

Schokoladen-Becherkuchen

Für 1 Portion

40 g Vollkornmehl
2 EL Kokosblütenzucker
oder Zucker
¼ TL Backpulver
2 EL Kokosöl plus etwas mehr
zum Einfetten
60 ml Milch
½ TL Vanilleextrakt
2 EL dunkle Schokotröpfchen

Mehl, Zucker und Backpulver in einer großen Schüssel vermengen. Das Kokosöl über einem Wasserbad schmelzen. Milch und Vanilleextrakt unter die trockenen Zutaten rühren, dabei das Kokosöl einträufeln. Die Schokotröpfchen unterheben.

Eine große Tasse mit Kokosöl einfetten und den Teig hineingeben. Auf höchster Stufe 1½–2 Minuten in der Mikrowelle garen, bis der Kuchen fest ist. Vor dem Servieren abkühlen lassen.

Kekse

Kekse mag einfach jeder – eine einfache Süßigkeit, die es in unendlich vielen Variationen und Geschmacksrichtungen gibt. Probieren Sie zur Abwechslung einmal eines dieser mit Kokosöl aufgepeppten Rezepte.

Chocolate-Chip-Cookies

Ergibt 8–10 Stück

150 g Vollkorn-Dinkelmehl
¼ TL Salz
½ TL Natron
100 g Feinstzucker
100 g dunkle Schokotröpfchen
2 EL Kokosöl
3–5 EL Milch (Zimmertemperatur)

Den Backofen auf 200 °C (Ober- und Unterhitze) vorheizen. Ein Backblech mit Backpapier auslegen.

In einer großen Schüssel Mehl, Salz, Natron, Zucker und Schokotröpfchen vermischen.

Das Kokosöl über einem Wasserbad schmelzen und mit 3 Esslöffeln Milch verquirlen. Unter die trockenen Zutaten rühren. Ist die Mischung zu trocken, etwas mehr Milch zugeben. Der Teig sollte sich von selbst zu einer weichen Kugel formen.

Den Keksteig zu kleinen Kugeln formen, diese auf das Backblech legen und leicht andrücken, dabei genügend Zwischenräume lassen, da die Kekse beim Backen größer werden.

Die Cookies 7–10 Minuten im Ofen backen, bis sie zerlaufen sind. Aus dem Ofen nehmen, wenn sie noch nicht ganz fertig gebacken aussehen – während des Abkühlens garen die Cookies nach.

Die Cookies auf dem Blech vollständig auskühlen lassen. In einem luftdicht schließenden Behälter bis zu 5 Tage aufbewahren.

Kokoskekse

Ergibt 8–10 Stück

100 g Dinkel- oder Weizenmehl
100 g Kokosblütenzucker oder brauner Zucker
75 g Kokosraspel
125 g Haferflocken
100 g Kokosöl
2 EL Honig
½ TL Natron
2 EL kochendes Wasser

Den Backofen auf 175 °C (Ober- und Unterhitze) vorheizen. Ein Backblech mit Backpapier auslegen.

In einer großen Schüssel Mehl, Zucker, Kokosraspel und Haferflocken vermengen.

Das Kokosöl mit dem Honig über einem Wasserbad schmelzen. Das Natron mit dem Wasser vermischen und mit der Kokosöl-Honig-Mischung verrühren. In die Mitte der trockenen Zutaten eine Mulde drücken und die Kokosölmischung hineingießen. Alles gut vermengen.

Den Teig zu Kugeln formen, diese auf das Backblech legen und flach drücken. Im Ofen 15–20 Minuten goldbraun backen. Auf dem Backblech abkühlen lassen. In einem luftdicht schließenden Behälter bis zu 1 Woche aufbewahren.

Erdnussbutterkekse

Ergibt 10–12 Stück

100 g cremige Erdnussbutter
150 g Kokosblütenzucker oder
Feinstzucker
1 Ei
½ TL Salz
60 g Kokosöl

Den Backofen auf 175 °C (Ober- und Unterhitze) vorheizen. Ein Backblech mit Backpapier auslegen.

In einer Schüssel Erdnussbutter, Zucker, Ei und Salz vermischen. Das Kokosöl über einem Wasserbad schmelzen und während des Rührens in die Schüssel gießen. So lange rühren, bis sich die Zutaten verbunden haben.

Mit einem Esslöffel kleine gehäufte Teigportionen abstechen, auf das Backblech legen und leicht andrücken, dabei genügend Zwischenräume lassen, denn die Kekse gehen beim Backen auf.

10 Minuten im Ofen backen, bis die Kekse an den Rändern braun werden. Dabei die Kekse ständig beobachten, denn sie brennen schnell an.

Auf dem Backblech abkühlen lassen. In einem luftdicht schließenden Behälter bis zu 1 Woche aufbewahren.

Hafer-Rosinen-Kekse

Ergibt 8 Stück

1 mittelgroße Banane
2 EL Kokosöl
2 EL Erdnuss- oder Mandelbutter
60 g Haferflocken
2–3 EL Rosinen

Den Backofen auf 175 °C (Ober- und Unterhitze) vorheizen. Ein Backblech mit Backpapier auslegen.

Die Banane in einer großen Schüssel zerdrücken. Das Kokosöl über einem Wasserbad schmelzen, zur Banane geben und gut verrühren. Die Nussbutter zugeben, gut untermengen. Haferflocken und Rosinen zugeben, sodass eine dicke, klebrige Masse entsteht.

Mit einem Esslöffel gehäufte Teigportionen abstechen, auf das Backblech legen und leicht andrücken. 10 Minuten backen, bis die Kekse an den Rändern braun werden.

Auf dem Backblech abkühlen lassen. In einem luftdicht schließenden Behälter bis zu 5 Tage aufbewahren.

Tipps und Ideen

Experimentieren Sie mit verschiedenen Kekszutaten: Geben Sie gehackte Nüsse hinzu oder verschiedene Trockenfrüchte wie zum Beispiel Cranberrys oder Gojibeeren.

Muffins und Scones

Ob zur Frühstückspause im Büro oder zum Nachmittagskaffee: Von diesen gesunden Muffins bekommen Sie keinen Zuckerschock! Das Gebäck mit dem gesunden Fett des Kokosöls können Sie ohne schlechtes Gewissen genießen.

Schoko-Kokos-Muffins

Ergibt 8 Stück

150 g Vollkornmehl
75 g Kokosblütenzucker
  oder brauner Zucker
1 TL Backpulver
25 g Kokosraspel
3 Eier (Zimmertemperatur)
5 EL Kokosöl
60 g dunkle Schokotröpfchen

Den Backofen auf 175 °C vorheizen. Ein Muffinblech mit Papierförmchen auslegen.

Mehl, Zucker, Backpulver und Kokosraspel in einer großen Schüssel vermengen. Die Eier verquirlen und mit den trockenen Zutaten verrühren.

Das Kokosöl über einem Wasserbad schmelzen und unter ständigem Rühren zum Teig geben. Die Schokotröpfchen unterheben. Die Muffinförmchen zu drei Viertel mit Teig füllen.

20 Minuten im Ofen backen, bis die Muffins aufgegangen und goldbraun sind. An einem in die Mitte gestochenen Holzspieß sollte kein Teig mehr haften (nur etwas geschmolzene Schokolade). Die Muffins aus dem Blech nehmen und auf einem Kuchengitter auskühlen lassen.

In einem luftdicht schließenden Behälter aufbewahren. Dort halten sich die Muffins bis zu 3 Tage. Sie können auch eingefroren werden.

Blaubeermuffins

Ergibt 8 Stück

150 g Vollkornmehl
75 g Kokosblütenzucker oder
  brauner Zucker
1 TL Backpulver
3 Eier (Zimmertemperatur)
5 EL Kokosöl
225 g Blaubeeren

Den Backofen auf 175 °C vorheizen. Ein Muffinblech mit Papierförmchen auslegen.

Mehl, Zucker und Backpulver in einer großen Schüssel vermengen. Die Eier verquirlen und mit den trockenen Zutaten verrühren.

Das Kokosöl über einem Wasserbad schmelzen und unter ständigem Rühren zum Teig geben. Die Blaubeeren unterheben. Die Muffinförmchen zu drei Viertel mit Teig füllen.

20 Minuten im Ofen backen, bis die Muffins aufgegangen und goldbraun sind. An einem in die Mitte gestochenen Holzspieß sollte kein Teig mehr haften. Die Muffins aus dem Blech nehmen und auf einem Kuchengitter auskühlen lassen.

In einem luftdicht schließenden Behälter aufbewahren. Dort halten sich die Muffins bis zu 3 Tage, sie können aber auch eingefroren werden.

Zucchinimuffins

Ergibt 8 Stück

150 g Vollkornmehl
75 g Kokosblütenzucker oder
  brauner Zucker
1 TL Backpulver
3 Eier (Zimmertemperatur)
5 EL Kokosöl
1 Zucchini

Den Backofen auf 175 °C vorheizen. Ein Muffinblech mit Papierförmchen auslegen.

Mehl, Zucker und Backpulver in einer großen Schüssel vermengen. Die Eier verquirlen und mit den trockenen Zutaten verrühren.

Das Kokosöl über einem Wasserbad schmelzen und unter ständigem Rühren zum Teig geben.

Die Zucchini raspeln. Die Raspel auf ein sauberes Küchentuch legen und das Wasser herausdrücken. Unter den Muffinteig heben. Die Muffinförmchen zu drei Viertel mit Teig füllen.

25–30 Minuten im Ofen backen, bis die Muffins aufgegangen und goldbraun sind. An einem in die Mitte gestochenen Holzspieß sollte kein Teig mehr haften. Die Muffins aus dem Blech nehmen und auf einem Kuchengitter auskühlen lassen.

In einem luftdicht schließenden Behälter aufbewahren. Dort halten sich die Muffins bis zu 3 Tage, sie können auch eingefroren werden.

Kirsch-Kokos-Scones

Ergibt 8 Stück

**60 g Kokosöl plus etwas mehr
zum Einfetten**
225 g Weizenmehl
½ Päckchen Backpulver
60 g Feinstzucker
60 g Kokosraspel
75 g Beleg-Kirschen
**175 ml Kokosmilch (nicht aus
der Dose, sondern zum
Trinken) plus etwas mehr
zum Bestreichen**

Den Backofen auf 220 °C (Ober- und Unterhitze) vorheizen. Ein Backblech mit Kokosöl einfetten.

Kokosöl, Mehl und Backpulver in eine große Schüssel geben und mit den Fingerspitzen so lange verreiben, bis die Mischung feinkrümelig ist.

Zucker, Kokosraspel und Kirschen hinzufügen und vermengen. Nach und nach die Kokosmilch zugießen, dabei die Mischung zu einem weichen Teig verkneten. Fühlt es sich klebrig an, etwas mehr Mehl hinzugeben.

Den Teig auf einer bemehlten Arbeitsfläche 1 cm dick ausrollen. Mit einer runden Ausstechform Scones ausstechen und auf das Backblech legen. Den restlicher Teig immer wieder neu ausrollen und ausssstechen.

Die Scones mit Kokosmilch bestreichen und 10 Minuten im Ofen backen, bis sie leicht aufgegangen und goldgelb sind. Warm servieren oder abkühlen lassen und in einem luftdicht schließenden Behälter bis zu 3 Tage aufbewahren.

Rosinen-Scones

Ergibt 8 Stück

**60 g Kokosöl plus etwas mehr
zum Einfetten**
225 g Weizenmehl
½ Päckchen Backpulver
60 g Feinstzucker
75 g Rosinen
**175 ml Milch plus etwas
mehr zum Bestreichen**

Den Backofen auf 220 °C (Ober- und Unterhitze) vorheizen. Ein Backblech mit Kokosöl einfetten.

Kokosöl, Mehl und Backpulver in eine große Schüssel geben und mit den Fingerspitzen so lange verreiben, bis die Mischung feinkrümelig ist. Zucker und Rosinen zufügen und vermengen. Nach und nach die Milch zugießen, dabei die Mischung zu einem weichen Teig verkneten. Fühlt es sich klebrig an, etwas mehr Mehl hinzugeben.

Den Teig auf einer bemehlten Arbeitsfläche 1 cm dick ausrollen. Mit einer runden Ausstechform Scones ausstechen und auf das Backblech legen. Den restichen Teig immer wieder neu ausrollen und ausstechen.

Die Scones mit Milch bestreichen und 10 Minuten im Ofen backen, bis sie leicht aufgegangen und goldgelb geworden sind. Warm servieren oder abkühlen lassen und in einem luftdicht schließenden Behälter bis zu 3 Tage aufbewahren.

Variation

Käse-Scones: Zucker und Rosinen durch 125 g geriebenen Emmentaler (oder eine milchfreie Alternative) ersetzen.

Süße Leckereien

Manchmal braucht man einfach etwas Süßes! Wenn Kokosöl mit im Rezept ist, bleibt anschließend die Energie lange erhalten.

Pfirsich-Kokos-Eiscreme

Für 6 Personen

3 reife Pfirsiche
1 Dose Kokosmilch (400 g)
100 ml Honig (oder ein anderes
    flüssiges Süßungsmittel)
60 g Kokosöl

Dieses Rezept funktioniert ebenso gut mit anderen weichen Früchten wie Erdbeeren, Nektarinen oder Pflaumen.

Die Pfirsiche entsteinen und mit Kokosmilch und Honig in einem Standmixer glatt pürieren.

Das Kokosöl über einem Wasserbad schmelzen. Bei laufendem Motor in einem dünnen Strahl in die Pfirsichmischung einlaufen lassen, bis alles gut verbunden ist.

Die Masse in eine Eismaschine geben und laut Herstelleranweisungen zu Eis verarbeiten. Alternativ in einen gefriergeeigneten Behälter geben und einmal pro Stunde per Hand durchrühren, bis die Masse gefroren ist.

Mindestens 15 Minuten vor dem Servieren aus dem Eisfach nehmen, damit das Eis ein wenig antauen kann.

Kokosöl-„Buttercreme"-Glasur

**Ausreichend für einen
    großen Kuchen**

60 g Kokosöl
450 g Puderzucker
3–6 EL Kokosmilch

Das Kokosöl in einer großen Rührschüssel mit dem Handmixer weich und luftig aufschlagen.

Ein Drittel des Puderzuckers und 1 Esslöffel Kokosmilch zugeben und weiterrühren; nach und nach mehr Zucker und Milch hinzugeben, bis die „Buttercreme" dick und cremig ist.

Kokosriegel

Ergibt 9 Stück

225 g Kokosöl
200 g Kokosraspel
100 ml Honig (oder ein anderes
    flüssiges Süßungsmittel)
¼ TL Salz
200 g Zartbitterschokolade
    (nach Belieben)

Eine 20 x 20 cm große Form mit Backpapier auslegen.

Das Kokosöl über einem Wasserbad schmelzen. Mit Kokosraspeln, Honig und Salz verrühren und in die vorbereitete Form füllen. Die Form zum Abkühlen und Aushärten in den Kühlschrank stellen.

Die Schokolade (falls verwendet) in einer Schüssel über einem Wasserbad schmelzen. Über die harte Kokosmasse gießen und die Form zum Aushärten der Schokolade wieder in den Kühlschrank stellen.

In Quadrate schneiden und in einem Behälter im Kühlschrank aufbewahren.

Erdnussbuttertoffees

100 g Kokosöl
125 g Erdnussbutter
60 ml Kokosmilch
100 ml Honig
60 g gesalzene Erdnusskerne (nach Belieben)

Eine 20 x 20 cm große Form mit Frischhaltefolie auslegen.

Das Kokosöl über einem Wasserbad schmelzen und mit Erdnussbutter, Kokosmilch und Honig verrühren. Falls verwendet, auch die Erdnusskerne einrühren. In die vorbereitete Form füllen und zum Aushärten in den Kühlschrank stellen.

Wenn die Masse hart ist, aus der Form nehmen und in 9 Quadrate schneiden.

Die Toffees halten sich im Kühlschrank 1 Monat und im Tiefkühler 6 Monate.

Mandel-Rosinen-Toffees

40 g Rosinen
75 ml Rum (nach Belieben)
100 g Kokosöl
125 g Mandelbutter
60 ml Kokosmilch
100 ml Honig
40 g Mandeln

Die Rosinen über Nacht im Rum einweichen und am folgenden Morgen abtropfen lassen. Wer keinen Rum verwendet, legt die Rosinen zum Einweichen 5 Minuten in heißes Wasser.

Eine kleine Kastenform mit Frischhaltefolie auslegen.

Das Kokosöl über einem Wasserbad schmelzen und mit Mandelbutter, Kokosmilch und Honig verrühren. Die Mandeln grob hacken und einrühren. In die vorbereitete Form füllen und zum Aushärten in den Kühlschrank stellen.

Wenn die Masse hart ist, aus der Form nehmen und in 9 Quadrate schneiden.

Die Toffees halten sich im Kühlschrank 1 Monat und im Tiefkühler 6 Monate.

Vanille-Mandel-Toffees

100 g Kokosöl
125 ml Mandelbutter
60 ml Kokosmilch
100 ml Honig
2 TL Vanilleextrakt
1 TL Vanillepaste (nach Belieben)

Eine 20 x 20 cm große Form mit Frischhaltefolie auslegen.

Das Kokosöl über einem Wasserbad schmelzen und mit Mandelbutter, Kokosmilch, Honig, Vanilleextrakt und Vanillepaste, falls verwendet, verrühren. In die vorbereitete Form füllen und zum Aushärten in den Kühlschrank stellen.

Wenn die Masse hart ist, aus der Form nehmen und in 9 Quadrate schneiden.

Die Toffees halten sich im Kühlschrank 1 Monat und im Tiefkühler 6 Monate.

Chocolate-Chip-Cookie-Dough-Toffees

100 g Kokosöl
125 g Cashew-Butter
60 ml Kokosmilch
100 ml Honig
1 TL Vanilleextrakt
75 g dunkle Schokotröpfchen

Eine 20 x 20 cm große Form mit Frischhaltefolie auslegen.

Das Kokosöl über einem Wasserbad schmelzen und mit Cashew-Butter, Kokosmilch, Honig und Vanille-extrakt verrühren. Die Schokotröpchen vorsichtig unterheben (die Mischung darf nicht zu heiß sein, da sie sonst schmelzen). In die vorbereitete Form füllen und zum Aushärten in den Kühlschrank stellen.

Wenn die Masse hart ist, aus der Form nehmen und in 9 Quadrate schneiden.

Die Toffees halten sich im Kühlschrank 1 Monat und im Tiefkühler 6 Monate.

Konfekt

Probieren Sie einmal diese naturgesüßten Leckereien auf Kokosölbasis, wenn Sie der Hunger nach Süßem plagt. Dieses herrliche Konfekt sorgt nicht nur für einen Zuckerschub, es macht satt – somit ist es also auch eine prima Sache für Kinder.

Kokos-Minz-Konfekt

Ergibt 12–15 Stück

100 g Kokosöl
60 g Kokosbutter (oder Manna)
100 ml Honig
½ TL Pfefferminzextrakt (oder zum Kochen geeignetes ätherisches Pfefferminzöl)

Das Kokosöl über einem Wasserbad schmelzen, Kokosbutter und Honig einrühren. Den Pfefferminzextrakt (oder tropfenweise das Pfefferminzöl) nach Geschmack hinzugeben.

Die Masse in geeignete Silkonförmchen gießen und zum Aushärten in den Kühlschrank stellen. Dann aus den Förmchen drücken und in einem luftdicht schließenden Behälter im Kühlschrank bis zu 1 Monat aufbewahren.

Salziges Karamellkonfekt

Ergibt 12–15 Stück

175 g getrocknete Datteln
60 ml Kokosmilch
100 ml Honig
1 TL Salz
100 g Kokosöl

Die Datteln 2 Stunden in Wasser einweichen, dann abtropfen lassen. Zusammen mit Kokosmilch, Honig und Salz in einem Standmixer glatt pürieren.

Das Kokosöl über einem Wasserbad schmelzen, dann bei laufendem Motor in die Dattelmischung einträufeln, bis alles gut vermischt ist.

Die Masse in geeignete Silkonförmchen gießen und zum Aushärten in den Kühlschrank stellen. Dann aus den Förmchen drücken und in einem luftdicht schließenden Behälter im Kühlschrank bis zu 1 Monat aufbewahren.

Himbeerkonfekt

Ergibt 12–15 Stück

100 g Kokosöl
125 g Himbeeren
100 ml Honig (oder anderers flüssiges Süßungsmittel)

Das Kokosöl über einem Wasserbad schmelzen, dann mit Himbeeren und Honig in einen Standmixer geben. Glatt pürieren und die Masse durch ein feinmaschiges Sieb streichen, um die Himbeerkerne zu entfernen.

Die Masse in geeignete Silkonförmchen gießen und zum Aushärten in den Kühlschrank stellen. Dann aus den Förmchen drücken und in einem luftdicht schließenden Behälter im Kühlschrank bis zu 1 Monat aufbewahren.

Gesundheit

WENN MAN SICH die vielfältigen Wirkungsweisen von Kokosöl bewusst macht, erklärt es sich von selbst, dass es sich auch hervorragend zur Gesundheitspflege eignet. Kokosöl ist ein natürliches Produkt ohne chemische Zusätze, wirkt antibakteriell und bekämpft Pilzinfektionen. Darum ist es ideal für die Pflege von empfindlicher Babyhaut. Gerade auch werdende und junge Mütter können von seiner Heilkraft profitieren.

Kokosöl eignet sich zur Behandlung von verbreiteten Hautproblemen wie Ekzemen, Sonnenbrand und andere Beschwerden. Es gibt eine gute Grundlage für Cremes und Salben zur Beruhigung und Wundversorgung ab und kann sogar für Halspastillen verwendet werden.

Kokosöl ist aber nicht nur gut für die Haut. Es unterstützt auch das Verdauungssystem, indem es die Darmflora stärkt, Parasiten unschädlich macht und Sodbrennen lindert. Bei der Bekämpfung von Erkältungen und grippalen Infekten kommt seine antivirale Wirkung zum Tragen, weil sie das Immunsystem entlastet.

All das sind gute Gründe, Kokosöl einen festen Platz in der Hausapotheke zu einzuräumen.

Allgemeinbefinden

Ob Feuchtigkeitspflege oder milde Hautreinigung, Einschlafhilfe, gesunder Tee oder entgiftende Ölziehkur: die folgenden Zubereitungen zeigen, wie unglaublich vielseitig Kokosöl ist.

Vitaminaufnahme

Der Organismus kann viele Vitamine und Mineralstoffe besser aufnehmen, wenn man sie mit Fett zu sich nimmt. Nehmen Sie deshalb Vitamin- oder Mineralpräparate mit einem Teelöffel Kokosöl ein, damit Ihr Körper in den vollen Genuss der Inhaltsstoffe kommen kann.

Blutzuckerspiegel

Kokosöl hält wegen seines hohen Fettgehalts den Blutzuckerspiegel stabil. Es versorgt den Körper mit Energie, ohne den Blutzuckerspiegel negativ zu beeinflussen. Wenn Sie einen Energieschub brauchen, nehmen Sie einfach 1−2 Esslöffel Kokosöl ein.

Gut schlafen

Weil Kokosöl ausgleichend auf den Energiehaushalt des Körpers wirkt, ist es auch eine hervorragende natürliche Einschlafhilfe. Nehmen Sie abends vor dem Schlafengehen 1−2 Esslöffel ein, um zur Ruhe zu kommen.

Saubere Ohren

Kokosöl eignet sich ausgezeichnet zum Reinigen der Ohren. Geben Sie eine kleine Menge auf ein Wattestäbchen, und reinigen Sie damit die äußere Ohrmuscheln. Das Wattestäbchen keinesfalls in den Gehörgang schieben!

Magnesium-Körperbutter

Magnesiummangel kann Muskelschwäche, Krämpfe, Erschöpfungszustände und Gedächtnisschwäche nach sich ziehen. Magnesium wird auch durch die Haut aufgenommen, deshalb eignet sich diese Körperbutter hervorragend, um Muskelbeschwerden zu lindern. Sie bringt das Magnesium genau dahin, wo es benötigt wird, und versorgt außerdem die Haut mit Feuchtigkeit.

60 g Kokosöl
25 g Sheabutter
60 ml Magnesiumöl (siehe Tipp unten)
5–10 Tropfen ätherisches Lavendelöl (nach Belieben)

Kokosöl und Sheabutter über einem Wasserbad schmelzen. Abkühlen lassen, bis die Öle eindicken und milchig werden.

Die Öle mit einem Hand- oder Standmixer aufschlagen, dabei langsam in dünnem Strahl das Magnesiumöl und anschließend das Lavendelöl, falls verwendet zugießen.

Die Mischung etwa 20 Minuten in den Kühlschrank stellen, dann nochmals mit dem Handmixer aufschlagen. Die Creme soll eine lockere, luftige Konsistenz haben.

In ein luftdicht schließendes Glas umfüllen und an einem kühlen Platz aufbewahren.

Tipps und Ideen

Magnesiumöl kann man fertig kaufen oder ganz einfach selbst machen: Eine halbe Tasse gefiltertes Wasser mit einer halben Tasse Magnesiumchloridflocken aus der Apotheke verrühren.

Entspannendes Epsom-Badesalz

Epsom-Salz oder Magnesiumsulfat ist ein natürlich vorkommendes Mineralsalz mit einem hohen Magnesiumgehalt. Im heißen Badewasser löst es sich auf, und der Körper kann das Magnesium wunderbar aufnehmen. Das Salzbad entspannt die Muskeln und lindert Schmerzen. Gibt man zusätzlich Kokosöl ins Badewasser, wird die Wirkung noch gesteigert.

300 g Epsom-Salz oder Magnesiumsulfat (Apotheke), für eine große Wanne auch mehr
100 g Kokosöl
6–12 Tropfen ätherisches Lavendelöl

Die Wanne mit angenehm warmem Wasser füllen. Epsom-Salz, Kokosöl und ätherisches Lavendelöl zugeben und im Wasser auflösen.

Stoffwechseltee

Kokosöl kurbelt den Stoffwechsel an. Dasselbe bewirkt grüner Tee, darum sind die beiden ein hervorragendes Gespann. Grüner Tee ist außerdem reich an Antioxidanzien, die wertvoll für die Gesundheit sind, und fördert nachweislich die Fettverbrennung. Mit diesem einfachen, köstlichen Rezept bringen Sie ganz leicht Ihren Stoffwechsel auf Trab.

Für 1 Person
1 Teebeutel grüner Tee (oder 1 TL lose grüne Teeblätter)
1 EL Kokosöl

Den Tee mit heißem Wasser aufbrühen und das Kokosöl mit einem Schneebesen unterrühren.

Entzündungshemmende Tabs

1 Stück Ingwerwurzel (1,5 cm)
100 g Kokosöl
2 TL Kurkuma
2 EL Honig

Viele Beschwerden werden durch Entzündungen im Körper ausgelöst. Dem lässt sich vorbeugen, indem man ergänzend Naturprodukte mit entzündungshemmender Wirkung zu sich nimmt. Mit diesen praktischen Tabs ist das ganz einfach.

Den Ingwer schälen und fein raspeln. Das Kokosöl über einem Wasserbad schmelzen. Dann geraspelten Ingwer, Kurkuma und Honig zugeben.

Gründlich verrühren und in kleine Silikonformen gießen (Füllmenge etwa ½ Esslöffel). Abkühlen lassen. Aus den Formen nehmen, in ein Glas füllen und kühl aufbewahren. Täglich einnehmen.

Ölziehen

Das Ölziehen ist eine uralte Anwendung aus dem Ayurveda. Es soll die Entgiftung des Körpers fördern, die Zähne reinigen und vor Zahnfleischerkrankungen schützen. Kokosöl eignet sich besonders gut dafür, weil es antibakterielle Eigenschaften besitzt.

Bewegen Sie einfach einen Löffel voll Kokosöl möglichst lange (im Idealfall etwa 20 Minuten) im Mund. Ziehen sie es dabei immer wieder durch die Zahnzwischenräume. Danach das Kokosöl ausspucken – aber nicht ins Waschbecken, denn wenn es erstarrt, kann es den Abfluss verstopfen.

Handliche Tabs mit Geschmackszutaten sind noch angenehmer in der Anwendung.

Tabs zum Ölziehen

225 g Kokosöl
ätherische Öle (als
    Geschmackszutaten)

Das Kokosöl über einem heißen Wasserbad schmelzen. Ätherisches Öl zugeben und gut verrühren.

Das flüssige Öl in kleine Silikonformen gießen und zum Erstarren in den Kühlschrank stellen. Aus den Formen nehmen, in ein Glas füllen und im Kühlschrank aufbewahren.

Geschmackszutaten

Pfefferminze: 5–10 Tropfen ätherisches Pfefferminzöl

Zimt und Nelke: 5 Tropfen ätherisches Zimtöl und 2 Tropfen ätherisches Gewürznelkenöl

Zitrone: 5–10 Tropfen ätherisches Zitronenöl

Eltern und Baby

Kokosöl eignet sich wegen seiner natürlichen antibakteriellen und antifungalen Wirkung sehr gut zur Behandlung von zarter Babyhaut und kann viele Beschwerden, die vor allem bei Kindern auftreten, wirkungsvoll lindern.

Milchschorf

Den betroffenen Hautbereich dünn mit Kokosöl bestreichen. Eine Stunde einwirken lassen, dann die gelösten Schuppen mit einer weichen Bürste entfernen. Nach Bedarf wiederholen.

Windpocken

Um den Juckreiz zu lindern, Kokosöl dünn auf die Haut auftragen. Nach Bedarf wiederholen.

Brustwarzen

Vom Stillen gereizte Brustwarzen regelmäßig dünn mit Kokosöl bestreichen. Es lindert die Beschwerden und fördert die Heilung. Nach Bedarf wiederholen.

Hautlotion für Babys

Als nährende, milde Hautpflege kann Kokosöl pur aufgetragen werden. Es ist aber angenehm, auch eine leichtere Lotion zur Hand zu haben.

75 g Kokosöl
125 g Aloe-vera-Gel
5–10 Tropfen für Babys geeignetes
   ätherisches Öl, z. B. Lavendel
   (nach Belieben)

Das Kokosöl über einem heißen Wasserbad schmelzen und etwa 10 Minuten abkühlen lassen. Dabei beginnt es zu erstarren.

Mit einem Stabmixer durchrühren. Dabei langsam das Aloe-vera-Gel und das ätherische Öl, falls verwendet, untermischen.

Die Lotion in eine gut schließende Flasche oder ein Glas umfüllen und kühl aufbewahren.

Schwangerschaftsstreifen

Leider lassen sich Dehnungsstreifen im Lauf einer Schwangerschaft kaum vermeiden. Pflegende Öle und Cremes können aber helfen, die Haut elastisch zu halten und der Narbenbildung vorzubeugen.

Am einfachsten ist es, die betroffenen Hautpartien regelmäßig mit reinem Kokosöl zu massieren.

Kakaobuttercreme gegen Dehnungsstreifen

100 g Kokosöl
60 g Kakaobutter

Kokosöl und Kakaobutter über einem Wasserbad schmelzen. Die Mischung abkühlen lassen, bis sie einzudicken beginnt.

Die Mischung mit einem Stab- oder Handmixer luftig aufschlagen. In ein Glas umfüllen und bei Zimmertemperatur aufbewahren.

Weihrauch-Lavendel-Massageöl gegen Dehnungsstreifen

100 g fraktioniertes Kokosöl
2 EL Vitamin-E-Öl
10 Tropfen ätherisches Weihrauchöl
10 Tropfen ätherisches Lavendelöl

Alle Zutaten in eine Flasche geben und gut schütteln. Nach Bedarf großzügig auf die Haut geben und einmassieren.

Windelcreme

60 g Kokosöl
25 g Sheabutter
1 EL Pfeilwurzelpulver

Kokosöl und Sheabutter über einem heißen Wasserbad schmelzen. Abkühlen lassen, bis die Mischung erstarrt und milchig wird.

Das Pfeilwurzelpulver zugeben und die Mischung mit einem Stand- oder Handmixer gut durchrühren. In ein Glas oder ein luftdicht schließendes Gefäß umfüllen und kühl aufbewahren.

Variation

Lavendel: 5 Tropfen ätherisches Lavendelöl zugeben. Es fördert die Heilung.

Ringelblumen-Windelcreme

60 g Kokosöl
25 g Sheabutter
60 g Ringelblumenöl (öliger Auszug)
1 Prise gemahlene Kurkuma (nach Belieben)

Kokosöl und Sheabutter über einem heißen Wasserbad schmelzen. Ringelblumenöl und Kurkuma, falls verwendet, unterrühren.

In ein Döschen oder kleines Glas füllen und kühl aufbewahren.

Tipps und Ideen

Nicht alle ätherischen Öle sind für Schwangere geeignet. Lassen Sie sich in der Apotheke beraten.

Hautbeschwerden

Kokosöl schützt die Haut und macht sie weich und geschmeidig. Es eignet sich gut zur Behandlung von Hautbeschwerden und kann beispielsweise Spannungsgefühl und lästigen Juckreiz bei Sonnenbrand, Ausschlag und Ekzemen lindern.

Frische Tattoos

Kokosöl eignet sich hervorragend zur Pflege frisch tätowierter Haut. Zuerst den Bereich mit klarem Wasser waschen und vorsichtig abtrocknen, dann reines Kokosöl sehr dünn auftragen. Drei- bis viermal täglich wiederholen, bis die Haut abgeheilt ist.

Ausschlag

Auf Hautausschläge Kokosöl dünn auftragen, um den Juckreiz zu lindern und das Abklingen zu beschleunigen.

Nietnägel

Harte Hornfetzen am seitlichen Nagelbett werden mit einem Tupfer Kokosöl weich. So bleibt man nicht so leicht mit dem Nietnagel hängen.

Eingewachsene Haare

Die Haut um ein eingewachsenes Haar mit Kokosöl bestreichen. Einige Stunden einwirken lassen, damit die Haut weicher wird. Dann das Haar mit einer Pinzette auszupfen.

Honigsalbe für Abschürfungen

Wie Kokosöl enthält auch Honig natürliche antibakterielle und antiseptische Stoffe – perfekt für kleine Hautverletzungen.

60 g Kokosöl
2 EL Bienenwachs
1 EL Honig

Kokosöl und Bienenwachs über einem Wasserbad schmelzen. Den Honig unterrühren.

In ein kleines Glas füllen und fest werden lassen. Kühl aufbewahren.

Salbe für Ekzeme

Gerötete, juckende, schuppende Haut ist unangenehm. Diese Salbe mit Kokosöl, Honig und ätherischen Ölen wirkt pflegend und lindernd.

100 g Kokosöl
60 g Sheabutter
2 EL Honig
5–10 Tropfen ätherisches Lavendelöl
5–10 Tropfen ätherisches Teebaumöl

Kokosöl und Sheabutter über einem Wasserbad schmelzen. Honig und ätherische Öle zugeben und gut verrühren.

Die Mischung abkühlen lassen, bis sie milchig wird. Mit einem Stabmixer cremig aufschlagen.

In ein Glas füllen und kühl aufbewahren.

Kühlende Aloe-vera-Kokoscreme

75 g Kokosöl
125 g Aloe-vera-Gel
1 EL Hamameliswasser
20 Tropfen ätherisches
    Pfefferminzöl

Das Kokosöl über einem Wasserbad schmelzen. 10 Minuten abkühlen lassen, dann das Aloe-vera-Gel zugeben. Die Mischung mit einem Stabmixer durchrühren.

Bei laufendem Motor Hamameliswasser und Pfefferminzöl zugeben. Rühren, bis die Mischung cremig ist.

In ein Glas oder ein luftdicht schließendes Gefäß füllen und kühl aufbewahren. Die Creme kann im Kühlschrank gelagert und zur Kühlung der Haut verwendet werden. Dann ist sie etwas fester.

Honig-Lavendel-Creme gegen Sonnenbrand

60 g Kokosöl
1 EL Bienenwachs
100 g cremiger Honig
20 Tropfen ätherisches Lavendelöl

Kokosöl, Bienenwachs und Honig über einem Wasserbad schmelzen. Das ätherische Lavendelöl unterrühren.

Die Mischung in ein kleines Glas füllen, abkühlen und erstarren lassen. Kühl aufbewahren.

Peeling-Riegel für raue Haut

100 g Kokosöl
2 EL Bienenwachs
1 EL Honig
60 g brauner Zucker
10 Tropfen ätherisches Zitronenöl

Kokosöl und Bienenwachs über einem Wasserbad schmelzen. Honig, Zucker und ätherisches Zitronenöl zugeben und gut verrühren. Die Mischung in eine Silikonform gießen und erstarren lassen.

Unter der Dusche oder in der Badewanne raue Hautpartien mit dem Riegel massieren. Gut abspülen und anschließend als Feuchtigkeitspflege Magnesium-Körperbutter (Seite 73) auftragen.

Erkältung und grippale Infekte

Kokosöl ist ein gutes Mittel gegen Erkältungen und grippale Infekte. Weil es natürliche antivirale Inhaltsstoffe besitzt, unterstützt es den Körper bei der Infektabwehr und entlastet so das Immunsystem.

Trockener Husten

Gegen trockenen Reizhusten 1–3 Teelöffel reines Kokosöl einnehmen.

Hustensirup

2 EL Kokosöl
4 EL flüssiger Honig
2 EL Holunderbeersirup (nach Belieben)
1 Zitrone

Das Kokosöl über einem Wasserbad schmelzen. Honig und Holunderbeersirup, falls verwendet, zugeben. Die Zitrone auspressen, den Saft zur Mischung geben und gut verrühren.

In eine Flasche füllen und bei Zimmertemperatur aufbewahren. Bei Husten und Halsschmerzen bis zu fünfmal täglich 1–2 Teelöffel einnehmen.

Erkältungsbalsam

60 g Kokosöl
2 EL Kakaobutter
1 EL Bienenwachs
20–30 Tropfen ätherisches Eukalyptusöl
5–10 Tropfen ätherisches Pfefferminzöl
5–10 Tropfen ätherisches Lavendelöl
5 Tropfen ätherisches Teebaumöl

Kokosöl, Kakaobutter und Bienenwachs über einem Wasserbad schmelzen. Die ätherischen Öle zugeben und gut verrühren.

Die Mischung in ein kleines Glas gießen und erstarren lassen. Kühl aufbewahren.

Erkältungs-Badebomben

1 EL Kokosöl
225 g Backpulver
75 ml Wasser
10–20 Tropfen ätherisches Eukalyptusöl
5–10 Tropfen ätherisches Pfefferminzöl
5–10 Tropfen ätherisches Teebaumöl

Das Kokosöl über einem Wasserbad schmelzen. In einer anderen Schüssel Backpulver und Wasser zu einer Paste verrühren.

Unter ständigem Rühren zuerst das geschmolzene Kokosöl und anschließend die ätherischen Öle unter die Backpulverpaste mischen.

Die Masse in Silikonformen geben und mindestens 24 Stunden trocknen lassen. Aus den Formen nehmen und in einem luftdicht schließenden Behälter aufbewahren.

Tipps und Ideen

Sie können auch eine Badebombe in die Dusche geben, um die Atemwege zu befreien. Aber Vorsicht: Nicht auf dem öligen Boden ausrutschen.

Zitronen-Ingwer-Drink mit Honig

Für 4 Personen

2 Zitronen
1 Stück Ingwerwurzel (5 cm)
4 EL Honig
4 EL Kokosöl
700 ml Wasser

Die Zitronen auspressen und den Saft in einen Topf geben. Den Ingwer schälen und in dünne Scheiben schneiden. Mit dem Honig und dem Kokosöl zum Zitronensaft geben.

Das Wasser zugießen und die Mischung kurz aufkochen. Bei niedriger Hitze einen Moment ziehen lassen.

Einen Becher zu zwei Dritteln mit der Mischung füllen und mit heißem Wasser aufgießen. Mehrmals täglich genießen.

Holunderbeertee

Für 1 Person

1 Teebeutel Holunderbeertee
1 EL Kokosöl
1 EL Honig

Den Holunderbeertee mit kochendem Wasser überbrühen. Kokosöl und Honig zugeben und gut verrühren.

Honig-Zitronen-Pastillen

Ergibt 10–15 Stück

100 g Kokosöl
175 g cremiger Honig
Saft von 1 Zitrone

Das Kokosöl 10–20 Minuten an einen warmen Platz stellen, damit es weich wird. Im Mixer aufschlagen, dabei den Honig und danach den Zitronensaft zugeben.

Die Mischung in kleine Silikonförmchen füllen oder mit einem Teelöffel kleine Häufchen auf ein mit Backpapier ausgelegtes Backblech geben.

Im Tiefkühler fest werden lassen. Aus den Formen nehmen, in ein Glas füllen und im Kühlschrank aufbewahren.

Variationen

Zimt-Pastillen: den Zitronensaft durch 1 Teelöffel gemahlenen Zimt ersetzen.

Holunderbeer-Pastillen: den Zitronensaft durch 60 ml Holunderbeersirup ersetzen.

Ingwer-Gewürznelken-Pastillen

Ergibt 10–15 Stück

1 Stück Ingwerwurzel (2,5 cm)
100 g Kokosöl
175 g cremiger Honig
¼ TL gemahlene Gewürznelken

Den Ingwer schälen und reiben oder fein hacken. Zur Seite stellen. Das Kokosöl 10–20 Minuten an einen warmen Platz stellen, damit es weich wird.

Im Mixer aufschlagen, dabei bei laufendem Motor den Honig und danach die Gewürznelken zugeben.

Die Mischung in kleine Silikonförmchen füllen oder mit einem Teelöffel kleine Häufchen auf ein mit Backpapier ausgelegtes Backblech geben.

Im Tiefkühler fest werden lassen. Aus den Formen nehmen, in ein Glas füllen und im Kühlschrank aufbewahren.

Verdauung

Sodbrennen, Magenschmerzen und andere Verdauungsbeschwerden können sehr unangenehm sein, aber vieles lässt sich auch ohne Medikamente lindern. Hier finden Sie Rezepte mit Kokosöl und anderen bewährten Naturheilmitteln.

Lebensmittelvergiftung

Wer an einer Lebensmittelvergiftung leidet, mag normalerweise gar nichts essen. Versuchen Sie trotzdem, 1–2 Esslöffel Kokosöl einzunehmen. Es wird schnell verdaut und spendet Energie. Außerdem fördert es die Ausscheidung von schädlichen Bakterien aus dem Darm.

Sodbrennen

Kokosöl wirkt entzündungshemmend, beruhigt den Verdauungstrakt und den Magen und wirkt der übermäßigen Ausschüttung von Magensäure entgegen. 1–2 Esslöffel Kokosöl wirken lindernd bei akutem Sodbrennen.

Kapseln gegen Darmträgheit

Kokosöl tut der Verdauung gut, und in Verbindung mit ballaststoffreichen Trockenpflaumen bringt es einen trägen Darm auf Trab.

175 g Trockenpflaumen ohne Stein
75 g Kokosöl

Die Trockenpflaumen im Mixer 2 Minuten pürieren. Das Kokosöl zugeben und weitermixen, bis die Masse eine teigartige Kugel bildet.

Die Masse aus dem Mixer nehmen und in kleine Silikonformen drücken (oder kleine Kugeln rollen). Im Kühlschrank aufbewahren. Bei Bedarf 1–2 Tabs essen.

Tee gegen Blähungen

Kokosöl lindert Völlegefühl und Blähungen. Hier wird es mit bewährten Heilkräutern kombiniert.

1 Teebeutel Pfefferminz- oder Kamillentee
1 EL Kokosöl

Den Tee mit heißem Wasser übergießen. Das Kokosöl unterrühren und trinken.

Kaubonbons gegen Übelkeit

Ingwer ist ein gutes Mittel gegen Übelkeit. Diese praktischen Kaubonbons machen sich auch auf Reisen nützlich.

1 Stück Ingwerwurzel (1,5 cm)
100 g Kokosöl
175 g cremiger Honig

Den Ingwer schälen und reiben oder fein hacken. Zur Seite stellen.

Das Kokosöl 10–20 Minuten an einen warmen Platz stellen, damit es weich wird.

In einem Mixer aufschlagen. Bei laufendem Motor erst den Honig und danach den Ingwer zugeben.

Die Mischung in kleine Silikonförmchen füllen oder mit einem Teelöffel kleine Häufchen auf ein mit Backpapier ausgelegtes Backblech geben.

Im Tiefkühler fest werden lassen. Aus den Formen nehmen, in ein Glas füllen und im Kühlschrank aufbewahren.

Alltagsbeschwerden

Kokosöl sollten Sie am besten immer im Haus haben, weil es gegen die verschiedensten Beschwerden eingesetzt werden kann. Es lindert Kopfschmerzen, vertreibt Schuppen, kann bei Herpes angewandt werden und ergibt zusammen mit Arnika-Gel eine wirksame Salbe gegen Blutergüsse.

Hefepilze

Kokosöl bekämpft Pilzinfektionen auf natürliche Weise, wenn man es regelmäßig auf die betroffenen Hautbereiche aufträgt.

Schuppen

Schuppen sehen unschön aus und gehen oft mit juckender Kopfhaut einher. Zur Linderung etwas Kokosöl in die Kopfhaut einmassieren und einige Minuten (oder über Nacht) einwirken lassen. Dann die Haare wie gewohnt mit mildem Shampoo waschen. Nach Bedarf wiederholen.

Trockene Nase

Durch trockene Heizungsluft oder Erkältung können die Nasenschleimhäute vor allem im Winter trocken und wund werden. Tragen Sie dünn Kokosöl auf, um sie zu pflegen und die Heilung zu beschleunigen.

Herpes

Sobald Sie die Bläschenbildung bemerken, tragen Sie etwas Kokosöl auf. Es bekämpft die Viren und fördert die Heilung. Nach Bedarf wiederholen.

Infektion im Ohr

Bei einer Infektion im Ohr 2–3 Tropfen flüssiges Kokosöl in den Gehörgang träufeln. Den Kopf einige Minuten auf die Seite drehen, damit es weiter hineinfließen kann. Auf der anderen Seite wiederholen.

Hämorrhoiden

Zur Beruhigung der Haut Kokosöl direkt auftragen – vor allem vor dem Toilettengang.

Fußpilz

Kokosöl täglich direkt auf die befallene Haut auftragen, bis die Beschwerden abklingen.

Kokos-Arnika-Creme gegen Prellungen

Arnika ist ein Heilkraut, das gegen Muskelschmerzen und kleine Verletzungen eingesetzt wird. Diese Mischung mit Kokosöl wirkt schmerzlindernd, entzündungshemmend und fördert die Heilung.

100 g Kokosöl
125 g Arnika-Gel

Das Kokosöl über einem Wasserbad schmelzen. 5–10 Minuten abkühlen lassen, bis es gerade wieder milchig wird.

Das Arnika-Gel zugeben und die Mischung mit einem Stand- oder Handmixer gut durchrühren.

In ein kleines Glas umfüllen. Kühl aufbewahren.

Kopfschmerz-Balsam

60 g Kokosöl
25 g Bienenwachs
5–10 Tropfen ätherisches
Lavendelöl
5–10 ätherisches Kamillenöl
(römisch)

Kokosöl und Bienenwachs über
einem Wasserbad schmelzen. Die
ätherischen Öle unterrühren. Die
Mischung in ein Gläschen geben,
erstarren lassen und kühl
aufbewahren.

Tipps und Ideen

Kokosöl ist ein gutes
Trägeröl für ätherische Öle,
die Kopfschmerzen lindern.
Einfach eine kleine Menge
der Mischung dünn auf die
Schläfen auftragen.

Sport

Kokosöl ist eine echte Bereicherung für die Sporttasche. Einerseits kann man daraus Drinks herstellen, die schnell Energie spenden, und andererseits eignet es sich gut, um angestrengte Muskeln zu beruhigen.

Reibung

Vor allem beim Laufen kann es zu Beschwerden durch Reibung kommen. Tragen Sie Kokosöl dünn auf die gefährdete Haut auf, und es läuft wie geschmiert.

Muskelschmerzen

Unsere Cremes gegen schmerzende Muskeln enthalten Arnika-Gel und spezielle ätherische Öle mit schmerzlindernder Wirkung. Sie haben die Wahl zwischen einer kühlenden und einer wärmenden Creme. Die kühlende eignet sich für Bereiche, die sich entzündet anfühlen, beispielsweise Knie oder Ellenbogen. Die wärmende Creme lindert Muskelschmerzen in den Oberschenkeln nach einem langen Lauf.

Wärmende Muskelcreme

100 g Kokosöl
40 g Bienenwachs
75 g Arnika-Gel
10–20 Tropfen ätherisches Zimtöl
10–20 Tropfen ätherisches Ingweröl

Kokosöl und Bienenwachs über einem Wasserbad schmelzen. 10–20 Minuten abkühlen lassen, bis die Mischung zu erstarren beginnt und milchig wird.

Arnika-Gel und ätherische Öle zufügen und alles gut verrühren.

Die Mischung in ein Glas geben und ganz erkalten lassen. Kühl aufbewahren.

Kühlende Muskelcreme

100 g Kokosöl
40 g Bienenwachs
75 g Arnika-Gel
10–20 Tropfen ätherisches Pfefferminzöl
10–20 Tropfen ätherisches Eukalyptusöl

Kokosöl und Bienenwachs über einem Wasserbad schmelzen. 10–20 Minuten abkühlen lassen, bis die Mischung zu erstarren beginnt und milchig wird.

Arnika-Gel und ätherische Öle zufügen und alles gut verrühren.

Die Mischung in ein Glas geben und ganz erkalten lassen. Kühl aufbewahren.

Natürliche Energiespender

Datteln sind reich an natürlichen Kohlenhydraten. Diese süßen Snacks spenden schnell Energie und empfehlen sich vor oder beim Workout. Ich habe sie gegessen, als ich für einen Halbmarathon trainiert habe. Einfach in Alufolie wickeln, in die Tasche stecken und unterwegs hineinbeißen.

Dattel-Kokos-Bissen

175 g getrocknete Datteln
75 g Kokosöl
2 EL Kokosraspel

Alle Zutaten im Mixer zu einer glatten, teigigen Masse verarbeiten. Kugeln aus der Masse rollen und im Kühlschrank aufbewahren.

Zitronen-Orangen-Bissen

175 g getrocknete Datteln
75 g Kokosöl
abgeriebene Schale von 1 Zitrone
abgeriebene Schale von 1 Orange

Alle Zutaten im Mixer zu einer glatten, teigigen Masse
verarbeiten. Kugeln aus der Masse rollen und im
Kühlschrank aufbewahren.

Zitronen-Limetten-Drink

Für 2 Personen

Saft von 1 Zitrone
Saft von 1 Limette
475 ml Kokoswasser
1 EL Chiasamen
1 EL Kokosöl

Beide Säfte mit Kokoswasser, Chiasamen und Kokosöl
in einen Mixer geben.

Mixen, bis die Mischung schaumig ist. Sofort
genießen oder in eine Flasche füllen und mitnehmen.

Der Drink kann im Kühlschrank aufbewahrt werden,
muss dann aber eventuell nochmals gemixt werden.

Orangen-Drink für Sportler

Für 2 Personen

240 ml Orangensaft
240 ml Kokoswasser
1 EL Chiasamen
1 EL Kokosöl

Saft und Kokoswasser mit Chiasamen und Kokosöl in
einen Mixer geben.

Mixen, bis die Mischung schaumig ist. Sofort
genießen oder in eine Flasche füllen und mitnehmen.

Der Drink kann im Kühlschrank aufbewahrt werden,
muss dann aber eventuell nochmals gemixt werden.

Erdbeer-Drink für Sportler

Für 2 Personen

225 g frische Erdbeeren
350 ml Kokoswasser
1 EL Chiasamen
1 EL Kokosöl

Alle Zutaten mixen, bis die Mischung schaumig ist.
Sofort genießen oder in eine Flasche füllen und
mitnehmen.

Der Drink kann im Kühlschrank aufbewahrt werden,
muss dann aber eventuell nochmals gemixt werden.

Lästige Insekten

Kokosöl ist nicht nur ein wirksames Mittel, um Insekten zu vertreiben. Es eignet sich auch zur Behandlung von Stichen und Bissen.

Insektenstich-Balsam

60 g Kokosöl
2 EL Bienenwachs
1 EL Honig
5–10 Tropfen ätherisches Lavendelöl
5 Tropfen ätherisches Pfefferminzöl
5 Tropfen ätherisches Teebaumöl

Kokosöl und Bienenwachs über einem Wasserbad schmelzen.

Den Honig unter Rühren in der Mischung auflösen. Die ätherischen Öle einrühren. Die Mischung in ein kleines Glas füllen.

Erstarren lassen und kühl aufbewahren.

Insektenstich-Roller

2 EL fraktioniertes Kokosöl
10 Tropfen ätherisches Lavendelöl
5 Tropfen ätherisches Pfefferminzöl
5 Tropfen ätherisches Teebaumöl

Alle Öle mischen und in eine kleine Flasche mit Roll-Applikator füllen.

Insekten-Vertreiber

100 g Kokosöl
40 g Bienenwachs
2 EL Kakaobutter
ätherische Öle (siehe unten)

Kokosöl, Bienenwachs und Kakaobutter über einem Wasserbad schmelzen. Die ätherischen Öle einrühren. In Silikonförmchen füllen.

Abkühlen lassen, dann im Kühlschrank erstarren lassen. Aus der Form nehmen und kühl aufbewahren.

Bei Bedarf die Haut abreiben, um Insekten auf Abstand zu halten.

Zitronella: Dies ist ein bewährtes Öl, um Insekten zu vertreiben. Dosierung: 10–20 Tropfen ätherisches Zitronella-Öl und 5–10 Tropfen ätherisches Lavendelöl.

Pfefferminze: Das Kraut mit dem frischen Duft vertreibt wirkungsvoll Mücken. Dosierung: 10–20 Tropfen ätherisches Pfefferminzöl.

Aromatherapie und Stresslinderung

Lassen Sie sich nicht unterkriegen, wenn der Tag einmal hektisch ist. Mit einem entspannenden Kokosöl-Balsam oder einer sorgfältig zusammengestellten Ölmischung für die Duftlampe gelingt das ganz leicht.

Aromatherapie-Tabs

Diese Tabs werden ganz ohne Wasser direkt in die Schale der Duftlampe gelegt. Stellen Sie am besten gleich verschiedene Sorten auf Vorrat her.

**100 g Kokosöl pro Mischung
ätherische Öle (siehe unten)**

Das Kokosöl über einem Wasserbad schmelzen. Die ätherischen Öle zugeben und gut verrühren.

Das flüssige Öl in kleine Förmchen tropfen. Die Größe muss für die Schale Ihrer Duftlampe passen. Im Kühlschrank erstarren lassen.

Die Tabs aus den Formen nehmen, in ein luftdicht schließendes Gefäß legen und kühl aufbewahren.

Ätherische Ölmischungen

Zum Einschlafen: Zedernholz, Lavendel und Orange

Gegen Stress: Geranium, Lavendel und Rose

Stimmungsaufhellend: Orange, Zitrone und Pfefferminze

Gegen Übelkeit: Limette, Pfefferminze, Teebaum und Eukalyptus

Experimentieren Sie ruhig mit der Konzentration der Ölmischungen. Beginnen Sie mit 5–10 Tropfen, und verwenden Sie nach Belieben mehr.

Anti-Stress-Balsam mit Lavendel und Geranium

**100 g Kokosöl
10 Tropfen ätherisches Lavendelöl
10 Tropfen ätherisches Geraniumöl**

Das Kokosöl über einem Wasserbad schmelzen und die ätherischen Öle zugeben. In ein Gläschen umfüllen, abkühlen und erstarren lassen.

Bei Bedarf etwas Balsam mit den Fingern auf der Haut verteilen.

Bei Zimmertemperatur ist der Balsam recht fest. Sie können ihn vor der Verwendung erwärmen, damit er weicher wird.

Anti-Stress-Öl mit Mandarine und Ylang-Ylang

**100 g fraktioniertes Kokosöl
10 Tropfen ätherisches Mandarinenöl
10 Tropfen ätherisches Ylang-Ylang-Öl**

Die Öle in eine Flasche geben und schütteln. Kühl aufbewahren.

Tipp: Statt Mandarinenöl können Sie auch Wildorangenöl verwenden.

Tipps und Ideen

Viele ätherische Öle haben sich zur Stresslinderung bewährt. Für Öle und Balsame zur Selbstmassage bietet sich Kokosöl als Trägersubstanz an.

Haushalt

BESONDERS ÜBERRASCHEND ist die Tatsache, dass Kokosöl sich auch im Haushalt auf vielfältige Weise nützlich macht. Das natürliche Öl hat eine gute Schmierwirkung und bildet eine schützende Barriere. So finden sich in jedem Raum der Wohnung praktische Einsatzgebiete – außerdem im Garten und sogar im Auto.

Da Kokosöl ein reines Naturprodukt ist, brauchen sich auch Eltern kleiner Kinder und Haustierbesitzer keine Sorgen zu machen, wenn sie es im Haushalt einsetzen. Es eignet sich für Reinigungsmittel ganz ohne Chemikalien, vom Spray über den Haushaltsreiniger bis hin zum Waschmittel.

Wir haben für alle Zubereitungen im folgenden Kapitel natives, kalt gepresstes Kokosöl verwendet. Als Schmiermittel für Maschinen ist aber auch preiswerteres raffiniertes Kokosöl geeignet.

In der Wohnung

Es gibt eine Menge praktischer Einsatzmöglichkeiten für Kokosöl in der Wohnung. Probieren Sie es aus, und Sie werden feststellen, dass Sie viel Platz im Schrank gewinnen, denn all die vielen Flaschen mit Reinigungs- und Pflegeprodukten werden überflüssig.

Lederpflege

Ledermöbel bleiben geschmeidig, wenn man gelegentlich mit einem weichen Tuch Kokosöl aufträgt. Bei farbigem und gefärbtem Leder vorher an einer unauffälligen Stelle ausprobieren.

Holzpflege

Kokosöl reinigt und bildet eine schützende Schicht auf Holz. Mit einem Lappen in kreisförmigen Bewegungen auftragen.

Scharniere

Schluss mit quietschenden Türen! Einfach etwas Kokosöl auf die Scharniere geben, und schon lassen sie sich leicht und lautlos bewegen.

Kaugummi entfernen

Großzügig Kokosöl auf den Kaugummi auftragen, 5 Minuten einwirken lassen, dann mit einem Tuch entfernen. Fettrückstände anschließend mit flüssiger Olivenölseife beseitigen.

Etiketten entfernen

Hartnäckige Etiketten lassen sich meist leicht abziehen oder abrubbeln, wenn man sie vorher mit Kokosöl einreibt. 5 Minuten einwirken lassen.

Rost entfernen

Den Rost mit etwas Kokosöl einreiben. 2–3 Stunden einwirken lassen, dann mit einem Lappen abreiben. Anschließend dünn mit Kokosöl einreiben, um das Metall vor Rostbildung zu schützen.

Reißverschlüsse

Wenn ein Reißverschluss hakt oder schwergängig ist, die Zähnchen innen und außen dünn mit Kokosöl bestreichen. Danach den Schlitten einige Male auf und ab ziehen, um das Öl gut zu verteilen.

Eng sitzende Ringe

Mit etwas Kokosöl als Schmiermittel lassen sich eng anliegende Ringe leicht vom Finger abziehen.

Gitarrensaiten

Kokosöl kann sogar zur Pflege von Gitarrensaiten verwendet werden. Einen kleinen Klecks auf einen weichen Lappen geben und mehrmals auf jeder Saite auf und ab streichen.

Möbelpolitur

Zur Pflege von Möbeln aller Art wird Kokosöl mit einem weichen Lappen aufgetragen. Vorher immer an einer unauffälligen Stelle ausprobieren.

Schuhpflege

Kokosöl reinigt und pflegt auch Schuhe aus Leder. Mit einem weichen Lappen auftragen, kurz einziehen lassen, dann glänzend polieren.

Schmuck

Etwas Kokosöl auf ein weiches Tuch geben und den Schmuck damit polieren, bis er wieder edel glänzt.

Blattglanz

Zimmerpflanzen stauben mit der Zeit ein. Etwas Kokosöl auf ein weiches Tuch geben und große Blätter damit abreiben, um Staub zu entfernen und wie wieder zum Glänzen zu bringen.

Kleiderstange

Nehmen Sie alle Kleider aus dem Schrank. Dann die Stange dünn mit Kokosöl einreiben. Danach rutschen die Bügel viel besser.

Scheren schmieren

Scheren lassen sich leichter handhaben, wenn man ihren Drehpunkt mit etwas Kokosöl schmiert.

Saubere Kerzenleuchter

Reiben Sie Kerzenhalter dünn mit Kokosöl ein. Es bildet eine Schutzschicht, und herunter-gelaufene Wachstropfen lassen sich später ganz leicht entfernen.

Rost in Schraubdeckeln

Damit Deckel innen nicht rosten, etwas Kokosöl auf das Gewinde streichen. Es bildet einen feinen Schutzfilm.

Verstopfte Sprühdosen

Etwas Kokosöl auf die Düse auftragen, 5 Minuten einwirken lassen und mit einem Tuch abwischen.

Hausputz

Wenn Sie zum Saubermachen gern natürliche, schadstofffreie Produkte verwenden, sollten Sie es einmal mit Kokosöl versuchen.

Universal-Sprühreiniger

475 ml abgekochtes, abgekühltes Wasser
1 EL flüssige Olivenölseife
1 EL fraktioniertes Kokosöl
ätherische Öle (siehe unten)

Abgekochtes Wasser, flüssige Olivenölseife, Kokosöl und ätherische Öle in eine Sprühflasche geben. Vor Gebrauch schütteln.

Ölmischungen

Zitrus: 5–10 Tropfen ätherisches Zitronenöl und 5–10 Tropfen ätherisches Teebaumöl.

Lavendel: 5–10 Tropfen ätherisches Lavendelöl und 5–10 Tropfen ätherisches Teebaumöl.

Schminkpinsel und Haarbürsten reinigen

60 g Kokosöl
10 Tropfen ätherisches Teebaumöl
flüssige Olivenölseife

Das Kokosöl an einen warmen Platz stellen, damit es weich wird. Das Teebaumöl einrühren.

Sanft in die Haare oder Borsten einmassieren, um Make-up-Reste und andere Rückstände zu lösen. In heißem Wasser mit 1–2 Tropfen Olivenölseife auswaschen. Liegend trocknen lassen.

Seifenränder beseitigen

Mit etwas Kokosöl und einer Bürste lassen sich Seifenränder aus Badewanne und Waschbecken leicht entfernen.

Flecken entfernen

1 EL Kokosöl
1 EL Backpulver

Kokosöl und Backpulver verrühren. Falls nötig, das Kokosöl vorher etwas erwärmen, damit es weicher wird. Mit einer kleinen Bürste (zum Beispiel einer alten Zahnbürste) in den Fleck einmassieren.

Danach wie gewohnt waschen oder vorher Ölrückstände mit flüssiger Olivenölseife entfernen.

Bürsten reinigen

Bürsten, die für fetthaltige Produkte verwendet werden, lassen sich mit Kokosöl gut reinigen. Es löst die unerwünschten Fette, sodass sich die Bürsten anschließend leicht auswaschen lassen.

Pinsel reinigen

Kokosöl löst Öl- und Dispersionsfarbe aus Pinselborsten. Danach in heißem Wasser mit etwas flüssiger Olivenölseife auswaschen und mit klarem Essig nachspülen.

Zahnersatz reinigen

2 EL Kokosöl
2 EL Backpulver
5 Tropfen ätherisches Pfefferminzöl

Kokosöl, Backpulver und Pfefferminzöl mischen. Falls nötig, das Kokosöl vorher etwas erwärmen, damit es weicher wird.

Mit einer alten Zahnbürste auf den Zahnersatz auftragen, danach mit heißem Wasser gut abspülen.

Flüssiges Waschmittel

5 l Wasser
175 g Borax
175 g Waschsoda
175 g flüssige Olivenölseife
15 Tropfen ätherisches Lavendelöl
60 g Kokosöl

1,5 Liter Wasser in einem großen Topf zum Kochen bringen. 2–3 Minuten abkühlen lassen, dann Borax und Soda darin auflösen.

In einem großen Eimer das restliche Wasser mit Olivenölseife und Lavendelöl mischen.

Das Kokosöl zur heißen Borax-lösung geben, dann die Mischung sofort in den Eimer mit Wasser und Seife gießen.

In ein ausreichend großes Gefäß umfüllen und 24–36 Stunden ruhen lassen, bis das Waschmittel etwas eingedickt ist.

Falls sich die Phasen trennen, einfach gut umrühren. Sie brauchen pro Waschmaschinenladung etwa 50–75 ml.

Tipps und Ideen

Borax ist ein natürliches Mineral. Man bekommt es in Haushaltswaren-geschäften und online.

Küche

Gerade in der Küche kommen wegen der unterschiedlichen Materialbeschaffenheit von Flächen, Fronten und Utensilien meist viele verschiedene Reiniger zum Einsatz. Das ist aber gar nicht nötig, wenn man Kokosöl im Haus hat.

Schneidebretter

Kokosöl schützt und pflegt Schneidebretter aus Holz. Etwas Öl auf ein Stück Küchenpapier geben und in die Holzmaserung einreiben.

Verfärbte Lebensmittelboxen

Wenn Sie Gefrierboxen und andere Kunststoffbehälter dünn mit Kokosöl einreiben, bekommen sie durch färbende Lebensmittel keine unansehnlichen Flecken.

Eier frisch halten

Eier halten sich länger, wenn man ihre Schale dünn mit Kokosöl einreibt. Die Schale ist porös und lässt Luft durch. Das wird durch den dünnen Film aus Kokosöl verhindert.

Backbleche säubern

Eingebrannte Reste auf Backblechen lassen sich leichter entfernen, wenn man sie vorher mit Kokosöl behandelt. Einfach etwas Kokosöl auftragen und einige Minuten einwirken. Dann können Sie die Verkrustung abschaben.

Gefrierbrand vorbeugen

Reiben Sie Lebensmittel, die eingefroren werden sollen, dünn mit Kokosöl ein. Es bildet eine schützende Schicht, die verhindert, dass die Lebensmittel mit der eiskalten Luft in Berührung kommen. Auf gefrorene Flüssigkeiten können Sie eine dünne Schicht geschmolzenes Kokosöl gießen. Es erstarrt sofort und lässt sich später vor dem Auftauen in einem Stück abnehmen.

Gusseisen pflegen

Reiben Sie Gusseisenpfannen dünn mit Kokosöl ein. Es schützt die Oberfläche vor Rost und beugt dem Anbrennen vor.

Zuerst die Pfanne in warmem Seifenwasser abwaschen. Normalerweise soll Gusseisen nicht mit Wasser und Seife in Berührung kommen, aber wegen der anschließenden Nachbehandlung ist das kein Problem.

Die Pfanne gründlich abtrocknen, dann innen und außen dünn mit Kokosöl einreiben.

Den Backofen auf 165 °C vorheizen. Ein Gitterrost mit Alufolie belegen (um herabtropfendes Kokosöl aufzufangen) und die Pfanne kopfüber darauflegen.

1 Stunde im Ofen erhitzen, dann den Ofen abschalten. Die Pfanne erst herausnehmen, wenn sie vollständig abgekühlt ist.

Garten und Auto

Kokosöl leistet nicht nur im Haushalt gute Dienste. Auch im Garten und sogar in der Garage macht es sich nützlich. Sie können damit den Grillrost reinigen, den Schneeschieber imprägnieren und noch viel mehr.

Grill- und Kaminanzünder

Befeuchten Sie Wattebäusche mit etwas Kokosöl, und verstauen Sie sie in einem gut schließenden Schraubglas. Dann haben Sie bei Bedarf immer Anzünder für den Grill oder Kamin zur Hand.

Grillreiniger

Mit Kokosöl lassen sich eingebrannte Reste leicht vom Grillrost entfernen. Sie können den Rost auch vor dem Grillen mit etwas Kokosöl einreiben: Dann geht die Reinigung nach dem Essen umso leichter von der Hand.

Gartenwerkzeug pflegen

Reiben Sie Gartenwerkzeuge nach der Benutzung mit etwas Kokosöl ein, damit sie nicht rosten.

Sauberer Rasenmäher

Reiben Sie die Unterseite des Rasenmähers und die Innenseite des Grasfangkorbs mit etwas Kokosöl ein, dann bleiben keine Grasreste daran hängen.

Schneeschieber fetten

Reiben Sie einen neuen Schneeschieber dünn mit Kokosöl ein, damit der Schnee nicht daran festklebt.

Fahrradketten fetten

Kokosöl eignet sich gut als Schmiermittel für Fahrradketten. Einfach nach Bedarf auftragen.

Motor schmieren

Mit Kokosöl können Sie sogar den Motor und andere bewegliche Teile am Auto schmieren.

Cockpitreiniger

Wenn sie Cockpit und Armaturenbrett mit Kokosöl polieren, setzt sich dort weniger Staub ab.

Kinder

Kopfläuse gehen in Kindergarten und Schule immer wieder um, aber die meisten handelsüblichen Bekämpfungsmittel sind recht aggressiv. Versuchen Sie es stattdessen mit Kokosöl! Und während der Behandlung könnte der Junior mit selbstgemachter Kokosöl-Knetmasse spielen.

Kopfläuse behandeln

Kopfläuse können sich für Kokosöl gar nicht begeistern. Das Öl macht die Tiere und ihre Eier unschädlich, und es erleichtert das Auskämmen. All das ganz ohne Chemie!

Je nach Länge der Haare 100–220 g Kokosöl über einem Wasserbad schmelzen.

Das warme (aber nicht heiße) Öl gleichmäßig auf der Kopfhaut und den gesamten Haaren verteilen. Die Haare komplett mit einer Duschhaube bedecken und das Öl 2–4 Stunden einwirken lassen. Dann mit Shampoo auswaschen.

Als letzte Spülung eine Mischung aus 125 ml Apfelessig und 125 ml Wasser verwenden. Nicht nachspülen: Der Essiggeruch verfliegt, wenn das Haar trocknet. Die Spülung lässt die Haare schön glänzen.

Die Behandlung wiederholen, bis alle Läuse verschwunden sind.

Knetmasse

Handelsübliche Knetmasse enthält meistens verschiedene Chemikalien. Mit dieser selbst gemachten Knete können Sie Ihre Kinder bedenkenlos spielen lassen, denn sie enthält nur natürliche Zutaten.

125 g Mehl
2 EL fraktioniertes Kokosöl
150 g Salz
2 EL Weinsteinsäure
350 ml Wasser

Mehl, Kokosöl, Salz und Weinsteinsäure in einer großen Schüssel mischen.

Das Wasser zum Kochen bringen. Nach Belieben ätherische Öle oder Farbstoffe (siehe unten) zugeben. Dann das Wasser unter ständigem Rühren zur Mehl-Salz-Mischung gießen. Alles zu einer geschmeidigen Masse verkneten.

Abkühlen lassen und kräftig durchkneten, bis die Masse nicht mehr an den Händen klebt.

Falls die Masse nach dem Kneten noch klebt, einfach etwas mehr Mehl einarbeiten.

Variationen

Bunte Knete: Vor dem Verkneten einen Tropfen Lebensmittelfarbe ins Wasser geben. Alternativ natürliche Farbstoffe verwenden: Kurkuma (gelb), Rote-Bete-Saft (rot), Matcha-Grünteepulver (grün).

Glitzerknete: 2–4 Esslöffel Flitter zu den trockenen Zutaten geben. Sie können die Knetmasse zusätzlich färben.

Duftknete: 5–10 Tropfen ätherisches Öl unterkneten, zum Beispiel Pfefferminze oder Zitrone.

Haustiere

Sogar Haustiere profitieren, wenn Sie Kokosöl im Haus haben. Es gibt viele gute Möglichkeiten, das Naturprodukt einzusetzen, um die vierbeinigen Familienmitglieder gesund zu halten.

Hufpflege

Kokosöl eignet sich bestens zur Pflege von Pferdehufen: Es hält sie geschmeidig und gibt Glanz.

Saubere Ohren

Mit Kokosöl lassen sich die Ohren von Haustieren sanft und gründlich reinigen. Einen kleinen Klecks auf ein weiches Tuch geben und die Ohrmuscheln damit abwischen.

Geschützte Nase

Reiben Sie die Nase Ihres Haustiers dünn mit Kokosöl ein, damit die Haut geschmeidig bleibt und nicht einreißt. Bei Bedarf wiederholen.

Wurmkur

Bei innerlicher Anwendung eignet sich Kokosöl zur Behandlung von Würmern. Täglich einen Esslöffel Kokosöl pur verabreichen, bis die Darmparasiten verschwunden sind.

Hundeshampoo

250 ml Wasser
250 ml flüssige Olivenölseife
60 g fraktioniertes Kokosöl
5 Tropfen ätherisches Zitronenöl

Alle Zutaten in einem ausreichend großen Behältnis mit gut schließendem Deckel verrühren. Kühl aufbewahren.

Vor Gebrauch gut schütteln.

Flohschutz-Leckerli mit Bierhefe

Bierhefe ist eine inaktive Hefe, die gern als Nahrungsergänzung eingenommen wird, weil sie reich an B-Vitaminen ist. Wegen ihres hohen Schwefelgehalts eignet sie sich auch zur Bekämpfung von Flöhen. Es scheint, als ob das angereicherte Blut den Parasiten nicht schmeckt.

225 g Kokosöl
60 g Bierhefe

Das Kokosöl über einem Wasserbad schmelzen. Mit der Bierhefe in einen Mixer geben.

Gründlich durchmixen, dann in kleine Silikonformen gießen.

Im Kühlschrank erstarren lassen, aus den Formen nehmen und in einem luftdicht schließenden Behälter verstauen.

Ein Leckerli pro Tag genügt meistens, um den Vierbeiner flohfrei zu halten.

Erdnussbutter-Leckerli für glänzendes Fell

100 g Kokosöl
125 g cremige Erdnussbutter (ohne Zucker und ohne Stückchen)

Das Kokosöl über einem Wasserbad schmelzen und gründlich mit der Erdnussbutter verrühren.

Die Mischung in kleine Silikonformen gießen und zum Erstarren in den Kühlschrank stellen.

Im Kühlschrank aufbewahren. Das Haustier täglich mit einem dieser Leckerlis belohnen.

Tipps und Ideen

Die Mischung aus Kokosöl und Erdnussbutter hält die Haut des Vierbeiners geschmeidig und lässt das Fell glänzen.

Beauty

KEINE FRAGE: Gesunde Ernährung ist wichtig. Aber genauso wichtig ist, womit unsere Haut in Berührung kommt. Wer sein Essverhalten unter die Lupe nimmt und umstellt, ist gut beraten, auch bei der Körperpflege neue, natürliche Wege zu beschreiten. Kokosöl kann dabei eine große Hilfe sein.

Kokosöl wird von der Haut leicht aufgenommen. Es pflegt und spendet Feuchtigkeit, und es schützt vor schädlichen Bakterien und Viren. Außerdem enthält es wertvolle Antioxidanzien, die vor Schäden und vorzeitiger Alterung durch freie Radikale schützen.

Kokosöl eignet sich bestens zur Hautreinigung, weil es wasserlösliche und wasserfeste Make-up-Produkte gleichermaßen gut entfernt. Als Feuchtigkeitspflege hat es sich nicht nur für die Haut bewährt, sondern auch für Haare, Nägel und Lippen.

Früher dachte man, dass fettige Haut durch Verwendung öliger Pflegeprodukte noch fettiger wird. Heute wissen wir, dass das nicht zutrifft. Tatsächlich kann eine Pflege mit natürlichen Ölen sogar die Talgproduktion regulieren und Unreinheiten vorbeugen. Kokosöl bildet einen schützenden Film auf der Haut und schließt sogar die Feuchtigkeit ein.

Weil Kokosöl nicht ranzig wird, eignet es sich ausgezeichnet als Trägeröl oder als Grundlage für Lotionen, Cremes, Seifen und mehr. Die meisten handelsüblichen Pflege- und Kosmetikprodukte enthalten Chemikalien. Kokosöl hingegen ist ein reines Naturprodukt, das vergleichsweise wenig kostet und sich für die verschiedensten Zwecke eignet.

Reinigungscreme und Make-up-Entferner

Wenn Sie Kokosöl für die tägliche Hautreinigung verwenden möchten, könnten Sie eins der folgenden Rezepte ausprobieren. Sie finden hier Varianten für trockene Haut, fettige Haut und Mischhaut.

Ätherische Öle

Für viele dieser Rezepte werden ätherische Öle verwendet. Die Dosierung ist nicht ganz präzise angegeben, weil Öle unterschiedlicher Hersteller sich in ihrer Konzentration unterscheiden können. Probieren Sie ruhig aus, wie Ihnen der Duft und die Wirkung auf der Haut gefallen. Ätherische Öle sollten aber nie direkt auf die Haut aufgetragen werden. Kokosöl dient hier als Trägeröl.

Bei Rosenöl unterscheidet man zwischen destilliertem ätherischem Öl und Rosen-Absolue, das auf eine andere Weise gewonnen wird, intensiver duftet und teurer ist.

Schnelle Reinigung

1 Teelöffel reines Kokosöl genügt zur Gesichtsreinigung. Einfach auf einen Wattebausch oder ein Pad geben.

Ölmischungen

Die folgenden Öle mischen Sie einfach in der Handfläche, bis das Kokosöl weich ist. Danach Gesicht und Hals sanft mit der Mischung massieren.

Einen sauberen Waschlappen mit warmem Wasser anfeuchten, ausdrücken und vorsichtig über die Haut streichen, um das Öl zu entfernen.

Gute Mischungen

Olivenöl (für trockene Haut): ½ Teelöffel Olivenöl mit ½ Teelöffel Kokosöl mischen.

Jojoba (entzündungshemmend): ½ Teelöffel Jojobaöl mit ½ Teelöffel Kokosöl mischen.

Teebaum (für fettige Haut): 1–2 Tropfen ätherisches Teebaumöl mit 1 Teelöffel Kokosöl mischen.

Avocado (reichhaltig): ½ Teelöffel Avocadoöl mit ½ Teelöffel Kokosöl verrühren.

Haselnuss (für fettige Haut): ½ Teelöffel Haselnussöl mit 1 Teelöffel Kokosöl verrühren.

Make-up-Entferner

Als Make-up-Entferner ist Kokosöl unschlagbar – und ganz leicht anzuwenden.

Es besitzt hervorragende Reinigungseigenschaften, weil es fetthaltige und fettfreie Make-up-Produkte löst, sodass sie sich leicht abwaschen lassen.

½ Esslöffel Kokosöl zwischen den Händen verteilen. Dabei wird es flüssig. Gesicht und Hals 1-2 Minuten behutsam mit dem Öl massieren.

Einen sauberen Waschlappen mit warmem Wasser anfeuchten, ausdrücken und vorsichtig über die Haut streichen, um das Öl zu entfernen.

Augen-Make-up-Entferner

¼ Teelöffel Kokosöl auf ein Wattepad geben. Vorsichtig über die Augenlider streichen, um das Make-up anzulösen. Ein sauberes Wattepad mit warmem Wasser anfeuchten und damit das Make-up und das überschüssige Öl abnehmen. Am anderen Auge wiederholen.

Gesichtsmasken

Manchmal braucht die Haut eine Portion Extrapflege. Gönnen Sie ihr dann eine Maske, die sie großzügig mit Nährstoffen versorgt. Hier finden Sie Rezepte mit Kokosöl und anderen natürlichen Zutaten, die Ihre Haut mit Feuchtigkeit verwöhnen oder peelen. Danach werden Sie wunderbar frisch aussehen.

Nährende, klärende Honigmaske

1 TL Honig
1 TL Kokosöl

Die Zutaten in einer kleinen Schüssel verrühren (falls nötig, das Kokosöl vorher etwas erwärmen). Direkt auf die Haut auftragen, dabei die empfindliche Augenpartie aussparen.

10–15 Minuten einwirken lassen, dann mit einem weichen Waschlappen und warmem Wasser entfernen.

Feuchtigkeitsmaske mit Avocado

½ reife Avocado
1 EL Kokosöl

Die Avocado mit dem Kokosöl zerdrücken und alles zu einem glatten, cremigen Püree verarbeiten (falls nötig, das Kokosöl vorher etwas erwärmen).

Sofort auf das Gesicht auftragen, dabei die empfindliche Augenpartie aussparen. 10–15 Minuten einwirken lassen.

Mit Wattepads entfernen. Zuletzt das Gesicht mit einem Waschlappen und warmem Wasser waschen.

Peelingmaske mit Hafer

½ EL blütenzarte Haferflocken
1 EL Kokosöl

Haferflocken und Kokosöl verrühren (falls nötig, das Kokosöl vorher etwas erwärmen).

Auf das Gesicht auftragen, dabei die empfindliche Augenpartie aussparen. 5–10 Minuten einwirken lassen, dann die Haut behutsam massieren, damit sich die Peeling-Wirkung entfaltet.

Mit Wattepads entfernen. Zuletzt das Gesicht mit einem Waschlappen und warmem Wasser waschen.

Belebende Matcha-Maske

1 TL Matcha-Grünteepulver
½ EL Kokosöl

Beide Zutaten zu einer Paste
verrühren. Auf das Gesicht
auftragen und 5–10 Minuten
einwirken lassen. Bei Anzeichen
einer Reizung sofort entfernen.

Mit einem Waschlappen und
warmem Wasser abwaschen.

Tipps und Ideen

*Matcha-Grünteepulver ist
eine moderne Wunderzutat.
Es besteht aus klein gemahlenen grünen Teeblättern,
die reich an Antioxidanzien
sind und ein wenig Koffein
enthalten. Koffein fördert
die Heilung kleiner Haut-
schäden und kurbelt die
Durchblutung der Haut an.
Darum wirkt diese Maske
so belebend.*

Cremes und Öle für das Gesicht

Kokosöl spendet der Haut Feuchtigkeit und enthält Antioxidanzien, die Ihre Haut schützen. Es verfügt sogar über einen natürlichen Lichtschutzfaktor (etwa LSF 4). Wegen seiner antibakteriellen Eigenschaften beugt es Hautunreinheiten vor. Und mischt man es mit ätherischen Ölen, erhält man eine weiche Creme, die sich gut für die tägliche Pflege eignet.

Feuchtigkeitscreme

150 g Kokosöl
1–2 Kapseln Vitamin-E-Öl
125 g Aloe-vera-Gel

Das Kokosöl über einem heißen Wasserbad schmelzen. Den Inhalt der Vitamin-E-Kapseln ins Öl geben, dann die gewünschten ätherischen Öle (siehe unten) und das Aloe-vera-Gel hinzufügen.

Die Mischung mit einem Hand- oder Standmixer cremig aufschlagen.

In ein kleines Glas füllen und bis zu 3 Monate aufbewahren.

Variationen

Anti-aging: 10–20 Tropfen ätherisches Weihrauchöl zugeben.

Fettige Haut: 10–20 Tropfen ätherisches Teebaumöl zugeben.

Trockene Haut: 10–20 Tropfen ätherisches Rosenöl zugeben.

Anti-age-Serum

60 g Kokosöl
5–10 Tropfen ätherisches Weihrauchöl
5–10 Tropfen ätherisches Rosenöl

Das Kokosöl über einem heißen Wasserbad schmelzen. Die ätherischen Öle zugeben und vorsichtig unterrühren.

Die Mischung in ein kleines Glas gießen und an einem kühlen Platz erstarren lassen.

Etwas Serum in der Hand erwärmen, bis es flüssig wird. Dann auf Gesicht und Hals auftragen und leicht einmassieren.

Rasur

Kokosöl spendet Feuchtigkeit und lässt die Rasierklinge angenehm leicht gleiten. Es kann pur verwendet oder mit anderen Zutaten zu einer gehaltvollen, pflegenden Rasiercreme verarbeitet werden.

Rasieröl

Erwärmen Sie etwas reines Kokosöl zwischen den Händen, und tragen Sie es auf die Partie auf, die rasiert werden soll. Nach Bedarf wiederholen. Das Öl pflegt und beruhigt die Haut.

Rasiercreme

100 g Kokosöl
60 g Sheabutter
60 g Olivenöl

Kokosöl und Sheabutter zusammen über einem heißen Wasserbad schmelzen. Wenn sie flüssig sind, das Olivenöl einrühren.

In den Kühlschrank stellen, bis die Mischung eine cremige Konsistenz hat.

Mit einem Hand- oder Standmixer sahnig aufschlagen.

In ein Schraubglas oder luftdicht schließendes Gefäß füllen und kühl aufbewahren.

Variationen

Zitrus-Moschus: Beim Aufschlagen der Creme langsam je 10–20 Tropfen ätherisches Zitronengrasöl und Eukalyptusöl zugeben. Zwischendurch die Duftintensität prüfen.

Blumig: Beim Aufschlagen der Creme langsam je 10–20 Tropfen ätherisches Lavendelöl und Rosenöl zugeben. Zwischendurch die Duftintensität prüfen.

Bartbalsam

Ein Balsam mit Kokosöl versorgt die Barthaare mit Feuchtigkeit und lässt sie gepflegt glänzen. Dieses hat einen feinen Duft.

Zedernholz-Bartbalsam

60 g Kokosöl
2 EL Bienenwachs
5–10 ätherisches Zedernholzöl

Kokosöl und Bienenwachs über einem heißen Wasserbad schmelzen. Das ätherische Öl unterrühren. In ein kleines Glas oder Döschen füllen und erstarren lassen.

Den Balsam nach Bedarf auftragen. Kühl aufbewahren.

Seifen und Peelings

Unsere flüssige Handseife reinigt gründlich, enthält keine zweifelhaften Chemikalien und duftet wunderbar frisch. Kokosöl eignet sich wegen seiner Konsistenz auch gut als Trägersubstanz für Peelings und spendet der Haut dabei jede Menge Feuchtigkeit. Hier finden Sie Vorschläge für die Hand- und Körperpflege.

Schäumende Handseife

2 EL flüssige Olivenölseife
1 TL fraktioniertes Kokosöl
4 Tropfen ätherisches Zitronenöl
4 Tropfen ätherisches Orangenöl

Flüssige Olivenölseife, Kokosöl und ätherische Öle in eine Flasche mit Schaum-Pumpventil füllen. Mit abgekochtem, abgekühltem Wasser auffüllen.

Vor Gebrauch schütteln, damit sich schöner Schaum bildet.

Nagelhautöl

Kokosöl eignet sich hervorragend zur Pflege der Nagelhaut. Einfach eine kleine Menge auftragen, vorsichtig einmassieren und dabei die Nagelhaut zurückschieben.

Kaffee-Peeling

75 g Kokosöl
100–150 g Kaffeesatz (z.B. aus der Filtertüte
oder Druckkanne)
5–10 Tropfen Vanilleöl (nach Belieben)

Das Kokosöl über einem heißen Wasserbad schmelzen. Kaffeesatz und Vanilleöl (falls verwendet) einrühren.

In ein luftdicht schließendes Gefäß füllen und mindestens 3 Stunden stehen lassen, damit das Öl das Koffein aufnehmen kann.

Das Peeling kann vor der Verwendung erwärmt werden, damit es weicher wird.

Reste können kühl und dunkel 1 Woche aufbewahrt werden.

Duschgel

125 ml flüssige Olivenölseife
2 EL fraktioniertes Kokosöl
1 EL Jojobaöl
2 Kapseln Vitamin-E-Öl

Alle Zutaten in einer Flasche mischen. Vor Gebrauch gut schütteln.

Variationen

Zitrus: 10–20 Tropfen ätherisches Zitronenöl und 10–20 Tropfen ätherisches Orangenöl zugeben.

Rose: 20–40 Tropfen ätherisches Rosenöl zugeben.

Minze: 5–10 Tropfen ätherisches Eukalyptusöl und 10–20 Tropfen ätherisches Pfefferminzöl zugeben.

Feuchtigkeit: Avocadoöl anstelle des Jojobaöls verwenden.

Zimt und Ingwer: 10–20 Tropfen ätherisches Zimtöl und 5–10 Tropfen ätherisches Ingweröl zugeben.

Je nachdem, wie intensiv Ihr Duschgel duften soll, können Sie die Mengen der ätherischen Öle variieren.

Zitronen-Körperpeeling

75 g Kokosöl
75–100 g Zucker
10 Tropfen ätherisches Zitronenöl
Saft von 1 Zitrone

Das zitrusfrisch duftende Peeling regt die Durchblutung der Haut an und macht wach.

Das Kokosöl über einem heißen Wasserbad schmelzen. Zucker, ätherisches Zitronenöl und Zitronensaft einrühren.

Wenn Sie das Peeling nicht sofort verwenden, wird es fest. Dann kann es vor Gebrauch leicht erwärmt werden.

Reste können an einem kühlen, dunklen Platz 1 Woche aufbewahrt werden.

Lavendel-Körperpeeling

75 g Kokosöl
75–100 g Zucker
2–3 EL getrocknete Lavendelblüten und/oder 10 Tropfen ätherisches Lavendelöl

Ein Peeling für den Abend, denn Lavendelduft entspannt!

Das Kokosöl über einem heißen Wasserbad schmelzen. Zucker, ätherisches Zitronenöl und Zitronensaft einrühren.

Wenn Sie das Peeling nicht sofort verwenden, wird es fest. Dann kann es vor Gebrauch leicht erwärmt werden.

Reste können an einem kühlen, dunklen Platz 1 Woche aufbewahrt werden.

Rosenpeeling mit Salz

75 g Kokosöl
100–150 g feines rosa Himalayasalz
10–20 Tropfen ätherisches Rosenöl
40 g getrocknete Rosenblütenblätter (nach Belieben)

Das Kokosöl über einem heißen Wasserbad schmelzen. Zucker, ätherisches Zitronenöl und Zitronensaft einrühren.

Wenn Sie das Peeling nicht sofort verwenden, wird es fest. Dann kann es vor Gebrauch leicht erwärmt werden.

Reste können an einem kühlen, dunklen Platz 1 Woche aufbewahrt werden.

Körperpeeling mit Limette und Minze

75 g Kokosöl
75–100 g Zucker
Saft von 1 Limette
5–10 Tropfen ätherisches
    Limettenöl
3–5 Tropfen ätherisches
    Pfefferminzöl

Dieses erfrischende Peeling spendet Energie und macht wach – perfekt für die morgendliche Dusche.

Das Kokosöl über einem heißen Wasserbad schmelzen. Zucker, Limettensaft und ätherische Öle einrühren.

Wenn Sie das Peeling nicht sofort verwenden, wird es fest. Dann kann es vor Gebrauch leicht erwärmt werden.

Reste können an einem kühlen, dunklen Platz 1 Woche aufbewahrt werden.

Fußpeeling mit Salz

75 g Kokosöl
75–100 g Steinsalz
10–20 Tropfen ätherisches
    Pfefferminzöl

Die Hornhaut an den Füßen verträgt eine etwas kräftigere Peeling-Behandlung, aber das pflegende Kokosöl tut auch ihr sehr gut.

Das Kokosöl über einem heißen Wasserbad schmelzen. Steinsalz und ätherisches Pfefferminzöl einrühren.

Wenn Sie das Peeling nicht sofort verwenden, wird es fest. Dann kann es vor Gebrauch leicht erwärmt werden.

Reste können an einem kühlen, dunklen Platz 1 Woche aufbewahrt werden.

Tipps und Ideen

Steinsalz oder Halit ist ein Sedimentgestein. Die kleinen Körnchen eignen sich ausgezeichnet für Fußpeelings und andere Peelingprodukte.

Bodylotion und Körperbutter

Pflegendes Kokosöl ist ein guter Verbündeter für das Verwöhnprogramm. Sie brauchen nur wenige Zutaten, um feuchtigkeitsspendende, duftende Produkte selbst zuzubereiten.

Bodylotion im Stück

Hier kommt die Feuchtigkeitspflege einmal in neuer Form daher. Sie können die Haut direkt mit dem Stück einreiben oder es mit den Händen etwas erwärmen und dann die geschmolzene Lotion auf die Haut auftragen.

100 g Kokosöl
25 g Sheabutter
60 g Bienenwachs
40 g Mandelöl oder Olivenöl

Kokosöl, Sheabutter und Bienenwachs über einem heißen Wasserbad schmelzen. Mandelöl und ätherische Öle nach eigenen Vorlieben einrühren.

Die Mischung vorsichtig in eine Silikonform (z.B. für einen Muffin) gießen und abkühlen lassen.

Kühl aufbewahren.

Körperbutter

Dies ist ganz sicher eins der besten Kokosöl-Rezepte, und dabei ganz einfach herzustellen. Die Creme hat eine sahnig-dicke Konsistenz und eignet sich, weil sie so viel Feuchtigkeit spendet, vor allem für trockene Haut.

225 g Kokosöl
100 g Kakaobutter

Kokosöl und Kakaobutter über einem heißen Wasserbad schmelzen. In eine Rührschüssel geben und abkühlen lassen, bis die Mischung halbfest ist.

Die Mischung mit einem Stand- oder Handmixer sahnig aufschlagen. Bei laufendem Motor ätherische Öle zugeben.

In ein luftdicht schließendes Gefäß umfüllen und bei Zimmertemperatur aufbewahren.

Variationen

Rose: 20–40 Tropfen ätherisches Rosenöl zugeben.

Entspannungsmischung: Je 10 Tropfen ätherisches Lavendel-, Ylang-Ylang- und Bergamottöl zugeben.

Jojoba: Vor dem Aufschlagen 2 Esslöffel Jojobaöl zugeben. Dadurch bekommt die Creme eine leichtere Konsistenz.

Sheabutter: Die Hälfte der Kakaobutter durch dieselbe Menge Sheabutter ersetzen.

Ingwer und Limette: 10 Tropfen ätherisches Ingweröl und 20 Tropfen ätherisches Limettenöl zugeben.

Aloe vera: Nach dem Aufschlagen 125 g Aloe-vera-Gel unterrühren und nochmals aufschlagen. So wird die Creme leichter.

Massageöle und Spezialpflege

Ob nativ oder fraktioniert: Kokosöl eignet sich sehr gut für Massagen und kann auch als Trägersubstanz für ätherische Öle verwendet werden. Hier folgen zwei Massageöle mit unterschiedlicher Wirkung sowie zwei Spezialprodukte für häufige Hautprobleme.

Entspannendes Massageöl

100 g Kokosöl, flüssig (fraktioniert) oder fest
   (extra vergine)
5–10 Tropfen ätherisches Lavendelöl
5–10 Tropfen ätherisches Geraniumöl
5–10 Tropfen ätherisches Ylang-Ylang-Öl

Das Kokosöl mit den ätherischen Ölen mischen. Wenn Sie fraktioniertes Kokosöl verwenden, die Mischung in eine Flasche füllen. Anderenfalls ein Schraubglas verwenden.

Die Massagemischung mit festem Kokosöl muss zuerst zwischen den Handflächen erwärmt und verflüssigt werden, bevor sie angewandt werden kann.

Belebendes Massageöl

100 g Kokosöl, flüssig (fraktioniert) oder fest
   (extra vergine)
10 Tropfen ätherisches Zitronenöl
5 Tropfen ätherisches Orangenöl
10 Tropfen ätherisches Zedernholzöl

Das Kokosöl mit den ätherischen Ölen mischen. Wenn Sie fraktioniertes Kokosöl verwenden, die Mischung in eine Flasche füllen. Anderenfalls ein Schraubglas verwenden.

Die Massagemischung mit festem Kokosöl muss zuerst zwischen den Handflächen erwärmt und verflüssigt werden, bevor sie angewandt werden kann.

Creme gegen Pigmentflecken

1 EL Kokosöl
1 EL Zitronensaft
1 Kapsel Vitamin-E-Öl

Das Kokosöl etwas erwärmen, dann den Zitronensaft sehr gründlich mit dem Schneebesen unterrühren. Dennoch verbinden sich die Bestandteile nicht immer vollständig.

Den Inhalt der Vitamin-E-Kapsel in die Mischung rühren.

Auf Alters- und Pigmentflecken auftragen und einziehen lassen. Nach Bedarf wiederholen.

Creme gegen Cellulite

Diese Creme ist schnell gemacht. Sie enthält ätherisches Grapefruitöl, das mit seinen entzündungshemmenden Inhaltsstoffen Cellulite entgegenwirkt.

100 g Kokosöl
20 Tropfen ätherisches Grapefruitöl

Das Kokosöl über einem heißen Wasserbad schmelzen. Das Grapefruitöl unterrühren. In ein Glas füllen und erstarren lassen.

Regelmäßig etwas von der Creme direkt in die betroffenen Partien einmassieren.

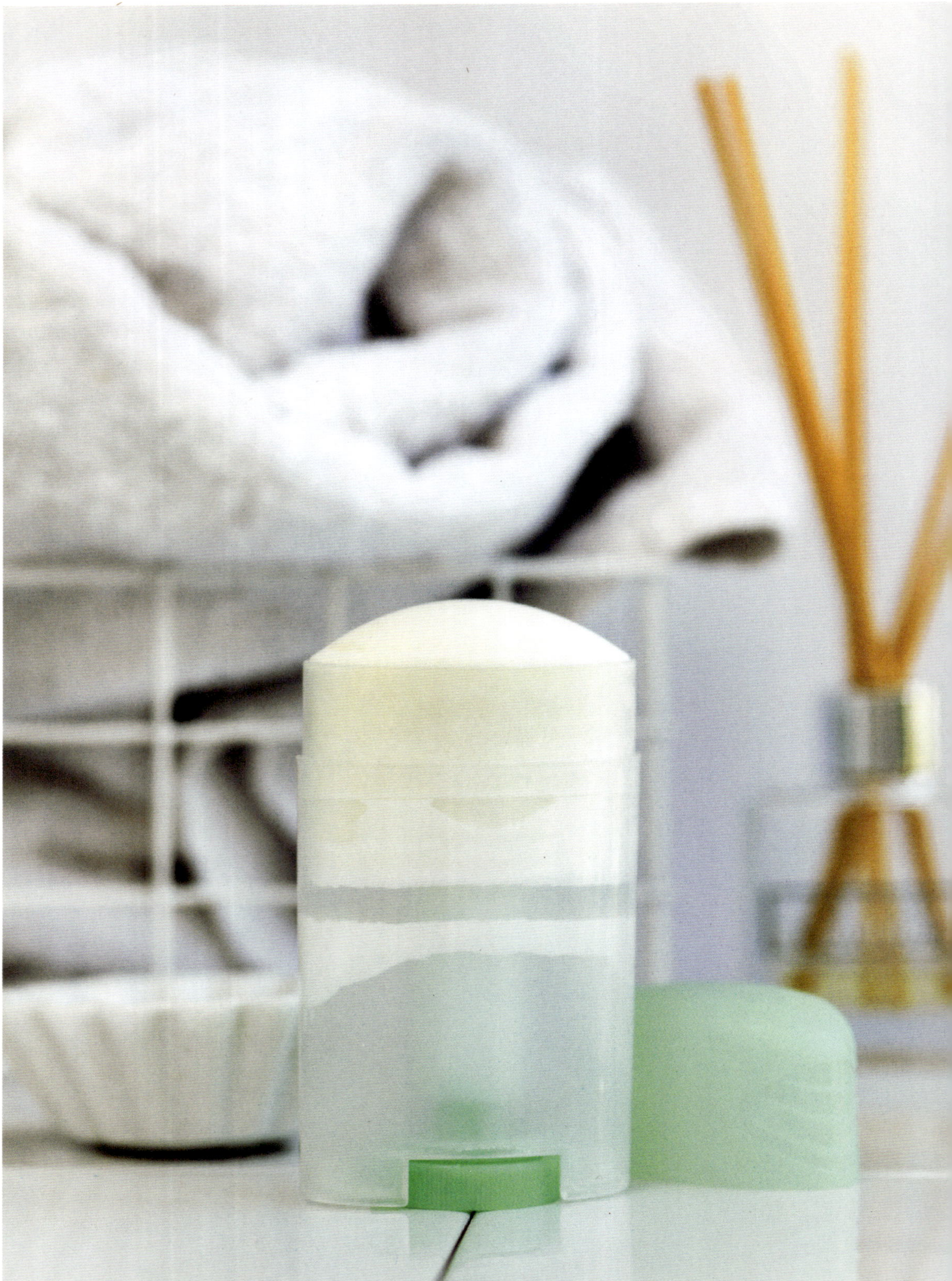

Deodorant und Parfüm

Die antibakteriellen Inhaltsstoffe von Kokosöl hemmen das Wachstum von Bakterien, die Körpergeruch verursachen. Gleichzeitig pflegt das Öl die empfindliche Haut der Achselhöhlen. Unser Deo enthält im Gegensatz zu vielen handelsüblichen Produkten keine Stoffe, die die Schweißdrüsen verstopfen können. Es ist rundum natürlich und dennoch gut wirksam.

Deodorant

2 EL Sheabutter
1 EL Kakaobutter
2 EL Kokosöl (siehe Tipp unten)
3 EL Backpulver
2 EL Speisestärke
2 Kapseln Vitamin-E-Öl
20 Tropfen ätherisches Zitronengras- oder Teebaumöl

Sheabutter, Kakaobutter und Kokosöl über einem heißen Wasserbad schmelzen. Backpulver und Speisestärke einrühren. Den Inhalt der Vitamin-E-Kapseln zufügen, dann die ätherischen Öle untermischen.

In ein Glas, ein luftdicht schließendes Gefäß oder eine Hülle für einen Deostift geben. Nach der Reinigung eine kleine Menge in den Achselhöhlen verteilen.

Dieses Naturprodukt beugt Körpergeruch vor, hemmt aber nicht die Schweißbildung und verstopft auch nicht die Schweißdrüsen.

Cremeparfüm

2 EL Kokosöl
2 EL Bienenwachs
20–40 Tropfen ätherische Öle (siehe unten)

Kokosöl und Bienenwachs über einem heißen Wasserbad schmelzen. Die ätherischen Öle unterrühren. In ein kleines Döschen füllen und erstarren lassen.

Bei Bedarf eine kleine Menge Cremeparfüm auf den inneren Handgelenken verteilen.

Duftmischungen

Hier finden Sie einige Vorschläge für Duftmischungen. Selbstverständlich können Sie auch eigene Mischungen kreieren. Tupfen Sie zum Testen beim Rühren eine kleine Menge der flüssigen Mischung auf Ihr Handgelenk.

Zitrusherb: Zitrone, Orange, Zitronengras

Sinnlich: Jasmin, Rose, Ylang-Ylang.

Frisch: Limette, Zitronengras, Zedernholz

Blumig: Lavendel, Geranium

Tipps und Ideen

Wenn Sie in kühlem Klima leben oder gern relativ flüssiges Deo mögen, ersetzen Sie 1 Esslöffel des festen Kokosöls durch fraktioniertes. Wollen Sie es in eine Stifthülle füllen, verwenden Sie ausschließlich festes Kokosöl.

Lippen und Zähne

Bei kaltem Wetter oder trockener Luft brauchen die Lippen Schutz und Pflege, damit sie nicht spröde und rissig werden. Kokosöl können Sie rund ums Jahr dafür verwenden.

Lippenpeeling mit Kokosöl und braunem Zucker

Kokosöl hält die Lippen wunderbar weich. Sie können es für ein sanftes Peeling verwenden oder für reichhaltiges Pflegebalsam.

½ EL Kokosöl
1 TL brauner Zucker

Das Kokosöl etwas erwärmen und mit dem braunen Zucker verrühren.

Die Lippen mit kreisförmigen Bewegungen massieren, um abgestorbene Hautschüppchen zu entfernen. Mit einem Tuch abwischen.

Minzfrisches Lippenpeeling

½ EL Kokosöl
1 TL Zucker
2 Tropfen ätherisches Pfefferminzöl

Das Kokosöl etwas erwärmen. Zucker und Pfefferminzöl einrühren. Die Lippen mit kreisförmigen Bewegungen massieren, um abgestorbene Hautschüppchen zu entfernen. Mit einem Tuch abwischen.

Pfefferminz-Lippenbalsam

2 EL Kokosöl
2 EL Bienenwachs
5 Tropfen ätherisches Pfefferminzöl

Das Kokosöl etwas erwärmen und das Bienenwachs über einem Wasserbad schmelzen. Das Pfefferminzöl zugeben und alles gut verrühren. In kleine Döschen füllen und fest werden lassen.

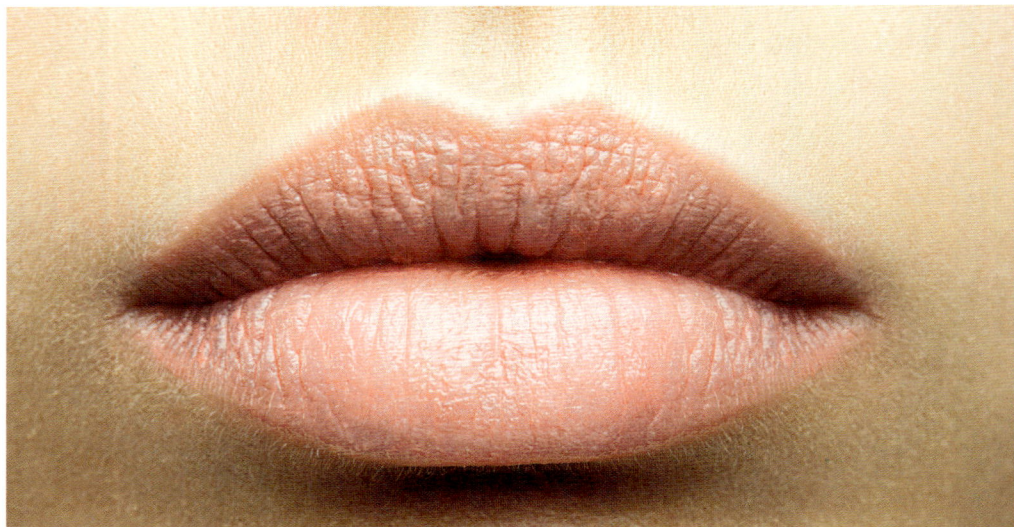

Getöntes Lippenbalsam

Tolle Verwertung für alte Lippenstifte!

2 EL Kokosöl
2 EL Bienenwachs
Alter Lippenstift (oder Rest)

Das Kokosöl etwas erwärmen und das Bienenwachs über einem Wasserbad schmelzen.

Ein Stück vom Lippenstift mit der Rückseite eines Löffels zerdrücken. In der warmen Flüssigkeit auflösen.

In kleine Döschen füllen und fest werden lassen.

Kakao-Vanille-Lippenbalsam

2 EL Kokosöl
2 EL Bienenwachs
2 EL Kakaobutter
5–10 Tropfen Vanilleöl

Das Kokosöl etwas erwärmen und das Bienenwachs über einem Wasserbad schmelzen. Kakaobutter und Vanilleöl zugeben und gut verrühren.

In kleine Döschen füllen und fest werden lassen.

Tipps und Ideen

Lippenbalsam am besten im Kühlschrank aufbewahren, damit es nicht zu weich wird.

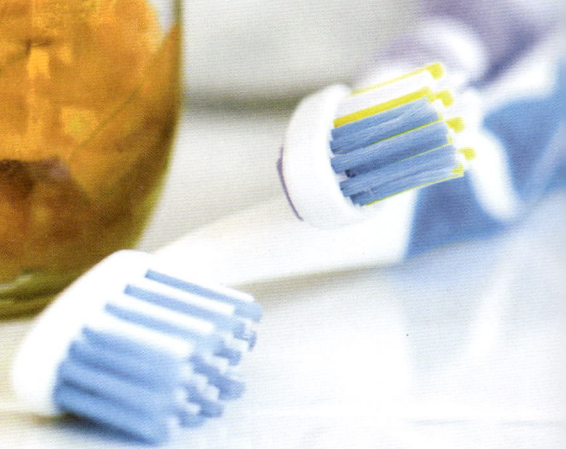

Zahncreme

Es mag seltsam klingen, Kokosöl für die Zahnpflege zu verwenden, tatsächlich eignet es sich aber prima für ganz natürliche Zahncremes. Das Kokosöl pflegt das Zahnfleisch und ist sehr gesund, Backpulver wirkt mild reinigend, und Xylit ist ein natürliches Süßungsmittel. Xylit beugt Karies vor, indem es verhindert, dass sich Bakterien an Zähnen und Zahnfleisch festsetzen.

3 EL Kokosöl
1 EL Backpulver
1 EL Xylit (nach Belieben)
10 Tropfen ätherisches Pfefferminzöl

Alle Zutaten mischen. Falls nötig, das Kokosöl vorher leicht erwärmen. Die Creme in ein kleines Glas oder ein luftdichtschließendes Gefäß füllen.

Etwas Creme auf die Zahnbürste geben und wie gewohnt die Zähne putzen.

Zahnweiß-Creme

Lassen Sie sich nicht durch das knallige Gelb dieser Creme verwirren. Dafür ist die Kurkuma verantwortlich, die mit ihrer antibakteriellen Wirkung das Zahnfleisch gesund erhält. Diese Zahncreme reinigt gründlich und hellt viel schonender auf als handelsübliche Bleichcremes oder -streifen.

1 EL Kokosöl
½ TL Kurkuma
1–2 Tropfen ätherisches Pfefferminzöl (nach Belieben)

Kokosöl, Kurkuma und Pfefferminzöl (falls verwendet) zu einer dicken Paste verrühren.

Die Mischung auf die Zähne streichen und 3–5 Minuten einwirken lassen, dann ausspülen und ausspucken (nicht ins Waschbecken: Fest werdendes Kokosöl kann den Abfluss verstopfen.)

Täglich anwenden, bis das gewünschte Ergebnis erreicht ist.

Fußcreme

Gönnen Sie den Füßen regelmäßig eine Extraportion Pflege. Ihre Haut ist oft trocken oder neigt zu starker Verhornung, manchmal schmerzen die Füße, und sie sind anfällig für Pilzinfektionen. Diese Fußcreme spendet Feuchtigkeit, und das Kokosöl bekämpft Pilzerreger mit natürlichen Inhaltsstoffen. Die ätherischen Öle erfrischen die Füße nach einem langen Tag.

60 g Kokosöl
25 g Sheabutter
2 Vitamin-E-Kapseln

Kokosöl und Sheabutter über einem heißen Wasserbad schmelzen. Das Öl aus den Kapseln drücken und unterrühren. Die Mischung etwas abkühlen lassen, bis sie nicht mehr ganz flüssig ist.

Die Mischung mit einem Mixer sahnig aufschlagen. Bei laufendem Motor die ätherischen Öle (falls verwendet) unterrühren.

Die Creme in ein Glas oder ein luftdicht schließendes Gefäß füllen und kühl aufbewahren.

Variationen

Pfefferminze: 20–30 Tropfen ätherisches Pfefferminzöl zugegen.

Zitrone: 20–30 Tropfen ätherisches Zitronenöl zugeben.

Haare

Kokosöl ist ein hervorragendes Pflegemittel für alle Haartypen, vor allem aber für trockenes und geschädigtes Haar. Hier finden Sie verschiedene Rezepte, um die Haare zu pflegen und zu entwirren.

Haarserum

Als Haarserum kann Kokosöl pur verwendet werden. Eine kleine Menge zwischen den Fingern erwärmen und damit trockenes oder krisseliges Haar bändigen.

Leichte Kämmbarkeit

Auf hartnäckige Kletten etwas Kokosöl geben. Vorsichtig auskämmen, dann wie gewohnt mit Shampoo und Pflegespülung behandeln.

Gegen Spliss

Reines Kokosöl in gespaltene Haarspitzen einmassieren und über Nacht einwirken lassen, um die Haare mit Feuchtigkeit zu versorgen.

Am nächsten Morgen wie gewohnt mit Shampoo und Pflegespülung behandeln.

Kokosmilch-Shampoo

60 g Kokosmilch aus der Dose
25 g flüssige Olivenölseife
1 TL fraktioniertes Kokosöl
5–10 Tropfen ätherisches Öl nach Wahl

Alle Zutaten in eine Flasche geben und vermischen. Vor dem Gebrauch gut schütteln. 1 Esslöffel Shampoo ins feuchte Haar geben und gut einmassieren. Gründlich ausspülen. Danach bei Bedarf eine Pflegespülung verwenden.

In einem kühlen Badezimmer hält sich das Shampoo 3–4 Wochen.

Intensivpflege

2–4 EL Kokosöl (je nach Haarlänge)
1 EL Olivenöl oder Avocadoöl
5 Tropfen ätherisches Öl nach Wahl

Das Kokosöl erwärmen und mit Oliven- oder Avocadoöl und ätherischem Öl verrühren.

Die Mischung sanft in Kopfhaut und Haare einmassieren. Die Haare mit einer Duschhaube bedecken oder in Frischhaltefolie wickeln und die Pflegekur bis zu 30 Minuten einwirken lassen.

Wie gewohnt mit Shampoo waschen und bei Bedarf eine Pflegespülung anwenden.

Avocado-Haarkur

2 EL Kokosöl
1 TL Honig
1 Avocado

Das Kokosöl etwas erwärmen. Mit dem Honig in einen Mixer geben. Das Avocado-Fruchtfleisch zufügen und alles glatt pürieren.

Die Mischung auf Haare und Kopfhaut auftragen und 10-15 Minuten einwirken lassen, dann ausspülen. Danach wie gewohnt mit Shampoo waschen und bei Bedarf eine Pflegespülung anwenden.

Haarkur mit Banane und Joghurt

1 Banane
60 g Naturjoghurt
2 EL Kokosöl

Banane und Joghurt in einer kleinen Schüssel fein zerdrücken oder in einem Mixer glatt pürieren. Das Kokosöl etwas erwärmen und unterrühren.

Die Mischung auf Haare und Kopfhaut auftragen und 10-20 Minuten einwirken lassen, dann ausspülen. Danach wie gewohnt mit Shampoo waschen und bei Bedarf eine Pflegespülung anwenden.

Haarkur mit Eigelb

1 EL Kokosöl
1 EL Olivenöl
1 EL Honig
1 Eigelb (zimmerwarm)

Das Kokosöl etwas erwärmen. Die restlichen Zutaten mit einem Schneebesen unterrühren.

Die Mischung auf Haare und Kopfhaut auftragen und 10–15 Minuten einwirken lassen, dann ausspülen. Danach wie gewohnt mit Shampoo waschen und bei Bedarf eine Pflegespülung anwenden.

Tipps und Ideen

Wickeln Sie nach dem Auftragen einer Haarkur Frischhaltefolie um die Haare. Durch die entstehende Wärme wirkt die Kur noch intensiver.

Badezusätze

Kokosöl ist eine großartige Zutat für pflegende Badezusätze, die Ihre Haut streichelweich machen. Damit das Badevergnügen zum Rundum-Verwöhnprogramm wird, haben wir für unsere Rezepte duftende ätherische Öle, Honig, getrocknete Blüten und andere ganz natürliche Zutaten verwendet.

60 g Kokosöl
60 g Kokosmilch aus der Dose
2 EL Honig

Milch-Honig-Bad

Diese Mischung ist im Handumdrehen fertig. Sie pflegt die Haut und macht sie herrlich weich.

Das Kokosöl über einem heißen Wasserbad schmelzen, dann mit Kokosmilch und Honig verrühren.

Ins warme Badewasser gießen und einsteigen.

250 g Zitronensäure
250 g Backpulver
60 g Speisestärke
100 g Kokosöl
10 Tropfen ätherisches Rosenöl
40 g getrocknete Rosenknospen oder -blütenblätter (nach Belieben)
2–3 EL Rote-Bete-Saft oder natürliche Lebensmittelfarbe (nach Belieben)

Rosen-Badebomben

Probieren Sie dieses Rezept für ein sprudelndes Badevergnügen!

Alle Zutaten in einer großen Glasschüssel verrühren. Die Mischung fühlt sich an wie feuchter Sand. In Silikonformen füllen und andrücken oder in Frischhaltefolie wickeln und zu Kugeln pressen.

Mindestens 24 Stunden durchhärten lassen, erst dann aus der Form oder der Folie nehmen.

Die Badebomben müssen vor der Verwendung ganz trocken sein.

100 g Kokosöl
2 EL getrocknete Rosenblütenblätter oder Lavendelblüten
20 Tropfen ätherisches Rosen- oder Lavendelöl

Badepralinen

Die Badepralinen duften wunderbar blumig und machen die Haut schön weich.

Das Kokosöl über einem heißen Wasserbad schmelzen. Entweder Rosen-Blütenblätter und ätherisches Rosenöl oder Lavendelblüten und ätherisches Lavendelöl unterrühren. In eine Silikonform gießen und erstarren lassen.

Die Badepralinen in ein Glas füllen und an einem kühlen Platz im Bad aufbewahren.

Variation

Kakaobutter-Badepralinen: Statt Blüten und Blütenöl verwenden Sie 25 g Kakaobutter und 5–10 Tropfen ätherisches Vanilleöl.

Feierabend-Badeöl

100 g fraktioniertes Kokosöl
10–15 Tropfen ätherisches Lavendelöl
5–10 Tropfen ätherisches Zedernholzöl

Alle Zutaten in einer Flasche mischen.

Pro Bad je nach Wannengröße 1–2 Esslöffel verwenden.

Vanille-Feuchtigkeitsbad

100 g fraktioniertes Kokosöl
2 EL Avocadoöl
10–20 Tropfen Vanilleöl

Alle Zutaten in einer Flasche mischen.

Pro Bad je nach Wannengröße 1–2 Esslöffel verwenden.

Belebendes Zitrusbad

100 g fraktioniertes Kokosöl
10–20 Tropfen ätherisches Zitronenöl
10–20 Tropfen ätherisches Limettenöl

Alle Zutaten in einer Flasche mischen.

Pro Bad je nach Wannengröße 1–2 Esslöffel verwenden.

Anti-Stress-Bad

100 g fraktioniertes Kokosöl
20 Tropfen ätherisches Lavendelöl
10 Tropfen ätherisches Weihrauchöl

Alle Zutaten in einer Flasche mischen.

Pro Bad je nach Wannengröße 1–2 Esslöffel verwenden.

Make-up

Sogar dekorative Kosmetik kann man mit Kokosöl selbst zubereiten. Seine antibakteriellen Inhaltsstoffe halten die Produkte frisch und beugen der Übertragung von Bakterien vor, außerdem spendet das Kokosöl Feuchtigkeit.

Augenbrauengel

Widerspenstige Augenbrauen lassen sich mit reinem Kokosöl leicht bändigen. Einfach eine kleine Menge mit einem Bürstchen auftragen.

Wimperngel

Kokosöl schützt und pflegt die Wimpern und hält sie geschmeidig. Tragen Sie es direkt mit dem Zeigefinger auf. Dabei bekommen die Wimpern gleich einen schönen Schwung.

Schimmer- oder Glitzergel

2 EL Kokosöl
1 EL Schimmerpuder
oder 1–2 EL feinster Flitter

Das Kokosöl an einen warmen Platz stellen, damit es weich wird. Schimmerpuder oder Flitter unterrühren. In einen kleinen Tiegel füllen und fest werden lassen.

Mit den Fingerspitzen oder einem Schminkpinsel auf die Haut auftragen.

An einem kühlen Platz hält sich das Gel etwa 1 Monat.

Eyeliner

2 TL Kokosöl
Für schwarzen Eyeliner:
  ½ TL Aktivkohle (Pulver)
Für braunen Eyeliner:
  ½ TL Kakaopulver

Das Kokosöl an einen warmen Platz stellen, damit es weich wird. Kohle oder Kakao unterrühren. In einen kleinen Tiegel füllen und fest werden lassen.

Mit einem steifen Eyelinerpinsel auftragen. Falls nötig, die Mischung leicht erwärmen.

An einem kühlen Platz hält sich der Eyeliner etwa 2 Wochen.

Wangen-Highlighter

Reines Kokosöl ohne weitere Zusätze lässt Ihre Wangen taufrisch aussehen. Einfach einen kleinen Tupfer auf die Wangenknochen geben und verteilen.

Register